Kreative Hochzeits-Rituale

Motivations-Betrachtung und individuelle Zeremonien

Kontakt: www.HarryEilenstein.de
Harry.Eilenstein@web.de
Harry Eilenstein bei youtube

Herstellung und Verlag: BoD – Books on Demand, Norderstedt

ISBN: 9783756889228

Inhaltsverzeichnis

I Warum dieses Buch?

Nun, die Antwort auf die Frage, warum ich dieses Buch geschrieben habe, ist ganz einfach: Es gibt kaum ein Ritual, das das weitere Leben derart tiefgehend prägt wie die Hochzeit. Daher sollte man sich am besten vor der Hochzeit anschauen, was man da vorhat, worauf man sich da einläßt, was man da miteinander verabreden will – und ob man die richtige Form dafür gewählt hat.

Es gibt natürlich auch den Fall, daß ein Paar die Hochzeit nicht so sehr ernst nimmt – aber dann ist es auch nicht notwendig, sich allzuviele Gedanken darüber zu machen und das vorliegende Buch zu lesen.

Ich habe schon selber „kreative Hochzeiten" geleitet bzw. Paare bei dem Entwurf ihres Hochzeits-Rituals beraten. Dabei habe ich festgestellt, daß sich das Brautpaar im Allgemeinen nur die Frage „Wollen wir heiraten oder nicht?" stellt, aber daß so gut wie niemand auf die Idee kommt, sich zu fragen, „Wie will ich heiraten?" Es gibt also in der Regel nur das „Ja" oder das „Nein" zu einer Hochzeit, aber nicht die Frage, was man denn eigentlich will und wie man das am besten erreichen kann.

Dieses Buch habe ich geschrieben, um ein paar Anregungen dazu zu geben, wie man dann, wenn man eine Hochzeit in Erwägung zieht, dabei möglichst kreativ vorgehen kann – und dadurch das gemeinsame Leben mit dem Partner in eine möglichst sinnvolle Richtung lenken kann.

II „Warum wollt ihr heiraten?"

Wenn mir ein Paar erzählt, daß sie heiraten wollen und daß sie gerne meine Meinung dazu wissen wollen, dann stelle ich ihnen immer als erstes die Frage, warum sie heiraten wollen. Diese Frage führt erstaunlicherweise immer zu einer recht großen Verblüffung. Wenn die beiden dann einen Moment über diese Frage nachgedacht haben, stellt sich meistens heraus, daß sie das nur sehr ungenau wissen.

An dieser Stelle ist es nicht sonderlich schwer, dem Paar deutlich zu machen, daß ein klarer Entschluß auch zu einem klareren Ergebnis führt als als ein diffuser Entschluß. Dafür muß man nicht einmal unbedingt die magische Wirkung des Entschlusses zu einer lebenslangen Festlegung und des dazugehörigen Ritual erläutern – die durchaus auch noch vorhanden sind. Den meisten Menschen ist überhaupt nicht klar, daß man bei der Hochzeit kreativ sein könnte.

Die standesamtliche Trauung ist der rechtliche Hintergrund einer Ehe, die vor allem Auswirkungen auf die Steuern, das Unterhaltsrecht, die Stellung als Bedarfsgemeinschaft, die Erziehungsberechtigung, die Erbschaften u.ä. hat. Die standesamtliche Ehe ist ein Vertrag, der auf dem BGB (Bürgerliches Gesetzbuch) beruht und in dieser Hinsicht wie die Gründung einer GbR (Gesellschaft bürgerlichen Rechts) ist.

Die weitere Ausgestaltung der Ehe ist jedoch – aus der Sicht des Standesamtes – den beiden Ehepartnern überlassen – obwohl hierzulande die meisten Menschen davon ausgehen werden, daß man entweder katholoisch, evangelisch oder evtl. noch jüdisch oder islamisch heiratet.

Das Paar sollte sich Zeit lassen, um sich über die Frage, warum sie heiraten wollen, klar zu werden. Als „Hochzeits-Berater" kann man natürlich ruhig einige hilfreiche Fragen stellen, die dem Paar deutlicher machen kann, zu was man alles eine eigene Meinung haben könnte und was man nicht als gegeben hinnehmen muß.

Die wichtigste Frage ist natürlich „Warum wollt ihr heiraten?" Von der Antwort auf diese Frage leitet sich alles weitere ab.

Diese Frage ist jedoch so allgemein, daß sie oft nicht so einfach beantwortet werden kann. Eine hilfreiche Variante ist „Wie stellt ihr euch euer zukünftiges gemeinsames Leben vor?"

Diese Frage ist der Formulierung „Was wollt ihr erreichen?" sehr ähnlich – sie weist jedoch mehr in die Zukunft. Etwas konkreter lautet diese Frage „Welche Projekte habt ihr?", „Wie wollt ihr wohnen?", „Wo wollt ihr wohnen?", „Wie wollt ihr Geld verdienen?", „Wollt ihr beide arbeiten gehen?", „Wieviele Kinder wollt ihr haben?" usw.

Es geht aber nun keineswegs darum, alles zu durchdenken, auszudiskutieren, durchzuplanen, zu regeln und zu definieren – das wäre lebensfremd, wo ja doch alles anders kommt als man gedacht hat und man vieles garnicht vorhersehen kann.

Doch wenn man diese Dinge einmal gemeinsam betrachtet hat, wird die allgemeine Richtung deutlicher, in die man gemeinsam gehen will – und auch die evtl. Unterschiede, die es bei manchen Themen gibt. Bei diesen Fragen geht es mehr um eine Vision als um eine Planung: Wollen die beiden tatsächlich dasselbe? Sind sie sich klar darüber, was sie wollen? Haben sie bereits ausführlicher miteinander darüber gesprochen, was sie wollen?

Ein weiterer wichtiger Punkt ist die Frage, ob sie sich gegenseitig ihre heimlichen Wünsche erzählt haben und darüber zu einem freudevollen Konsens gelangt sind.

Um diese Wünsche zu erkennen, sollten beide einmal hemmungslos wünschen – wirklich völlig hemmungslos und sich die wildesten Phantasien und die unmöglichsten Dinge ausmalen. Dabei kommt es natürlich nicht darauf an, möglichst exotische, wilde oder „unmoralische" Wünsche zu entdecken – der Zweck dieses hemmungslosen Wünschens besteht darin, zu einer möglichst klaren Vision zu gelangen.

Wenn es heimliche, verborgene, unbewußte Wünsche, Süchte, Ängste, Zweifel u.ä. gibt, werden sie sich spätestens nach ein paar Jahren Ehe zeigen. Da könnte es sinnvoll sein, diese verborgenen Emotionen möglichst früh zu erkennen und gleich am Anfang so gut wie möglich zu integrieren.

Es wäre natürlich erstrebenswert, wenn nur psychisch vollkommen geheilte Menschen eine Ehe eingehen und Kinder bekommen würden, aber mit diesem Anspruch würde die Menschheit sehr schnell aussterben … Es geht bei diesen ganzen Fragen nur darum, die Heiratsabsicht zum Anlaß zu nehmen, noch einmal genauer zu schauen, was man eigentlich in seinem Leben und mit dem anderen zusammen will.

Im Grunde geht es nur darum, den Spruch „Drum prüfe, wer sich ewig bindet." zu beherzigen.

Wenn diese Wünsche, also die Gründe für die Heirat, geklärt sind, stellt sich die Frage, was sich die beiden, die heiraten wollen, eigentlich bei der Hochzeits-Zeremonie versprechen wollen. In dieser HInsicht sind sowohl die standesamtlichen als auch die kirchlichen Formeln recht allgemein und im kirchlichen Fall außerdem sehr stark weltanschaulich festgelegt.

Wie bereits gesagt, geht es nicht daraum, alles im Detail auszuformulieren und festzulegen, sondern darum, daß man prüft, ob man eigentlich dieselbe Lebensvision wie der Partner hat – oder ob sich die beiden Visionen, falls sie verschieden sein sollten, gegenseitig ergänzen. Diese Vision wird sich früher oder später sowieso durchsetzen – und wenn die Visionen der beiden Eheleute dann nicht einigermaßen übereinstimmen, wird dies zu Leid führen.

Es gibt auch ganz konkrete Fragen, über die schon einmal gesprochen worden sein sollte:

- Wie stellen sich die beiden die Partnerschaft, also das Zusammenleben vor?

- Wollen sie Kinder haben und ja, wieviele?

- Sind sie sich im Klaren darüber, daß Kinder die Beziehung grundlegend verändern und die Partner sehr viel weniger Zeit füreinander haben werden?

- Wie sehen die beiden ihre gemeinsame Beziehung zu der Verwandtschaft?

- Wie wichtig sind den beiden ihre Freunde und Freundinnen und wieviel Zeit wollen sie für ihre Freundschaften haben?

- Wie sehen sie die Dauer der Ehe?

- Wie sehen sie die sexuelle Treue?

Wie schon mehrfach gesagt, kann man all diese Dinge weder vorhersehen noch planen, aber man kann die eigenen Wünsche und die eigene Vision aussprechen und sich dadurch gegenseitig besser kennenlernen und sehen, wie gut man zusammenpaßt.

Die so gewonnene gemeinsame Vision ist dann auch die sinnvollste Grundlage für das Entwerfen eines kreativen Hochzeits-Rituals, das genau das Verwirklichen dieser Vision förden soll.

Ein wichtiger Punkt, der zu Beginn einer Ehe manchmal totgeschwiegen wird oder an den man auch überhaupt nicht denkt, ist die Frage nach außerehelichen sexuellen Kontakten.

Je nach Umfrage gehen 15-50% aller Menschen während ihrer Ehe fremd – das Thema ist also nicht aus der Luft gegriffen.

Es gab unter den Menschen schon die verschiedensten Formen der Beziehung: Mann und Frau sind ein Leben lang zusammen; Mann und Frau sind für eine bestimmte Zeit ein Paar; ein Mann und mehrere Frauen; eine Frau und mehrere Männer; mehrere Männer und mehrere Frauen; Beziehungs-WGs; die Frauen einer Gemeinschaft bilden das Zentrum und die Männer sind die Partner aller Frauen und die Väter aller Kinder; usw. Die Menschen sind hier schon sehr kreativ gewesen.

Es geht hier natürlich keineswegs darum, eine möglichst exotische Beziehungsform zu leben, sondern nur darum, sich einmal die Freiheit zu nehmen, sich die mögliche Vielfalt anzusehen und dann zu entscheiden, was man will. Wenn man nicht die ganzen Möglichkeiten sieht, kann sich man auch nicht frei entscheiden …

Eine wichtige Frage ist auch die Religionszugehörigkeit und die Weltanschauung. Man kann diese Frage zwar auch ausklammern, aber es besteht die Gefahr, daß sich dann der eine durchsetzt und der andere sich unterordnet. Wenn z.B. der eine katholisch und der andere islamisch ist, gibt es viele Unterschiede – und es ist sinnvoll zu schauen, wie man mit diesen Unterschieden umgehen will, bevor z.B. ein Sohn geboren wird und der eine die Beschneidungs-Zeremonie durchführen will und der andere strickt dagegen ist.

Man muß nicht alles ausdiskutieren, aber man sollte sich zumindestens darüber bewußt sein, daß es viele verschiedene Dinge gibt, die man für selbstverständlich hält – und es gibt bei den Menschen nichts, was verschiedener wäre als eben das, was sie für selbstverständlich halten.

Wie schon mehrfach gesagt, geht es bei all diesen Fragen nicht um eine Klärung und Festlegung im Detail, sondern um eine gemeinsame Vision – wobei bei der Frage der religiösen Erziehung und des religiösen Brauchtums (einschließlich der Beschneidung) ein paar deutlich angesprochene und geklärte Details ausgesprochen hilfreich sein können.

Man könnte nun soweit gehen, daß man das Partnerhoroskop des Mannes und der Frau, die heiraten wollen, berechnet, aber das muß nicht unbedingt sein, auch wenn es förderlich sein könnte.

Man darf als Berater und Quasi-Priester ja auch nicht die Begeisterung, die Freude und die Liebe der beiden zerreden – was auch nicht möglich sein sollte, wenn diese Liebe und diese Freude echt sind. Es geht vielmehr darum, den beiden deutlich zu machen, daß man mit der Heirat auch kreativ umgehen kann und daß das Brautpaar, wenn es weiß, was es will und warum es heiratet, auch ein kreatives Ritual entwerfen und durchführen kann anstatt nur zwischen katholisch, evangelisch, anthroposophisch, islamisch, jüdisch usw., also nur zwischen den feststehenden Ritualen (und somit auch zwischen den entsprechenden Weltanschauungen) auszuwählen.

Als Berater/Priester hat man – sofern man keiner bestimmten Religion angehört und folglich diese Religion vertritt (und vertreten muß) – die Aufgabe, zu erfassen, was die beiden angehenden Eheleute eigentlich wollen und ihnen dann dabei zu helfen, durch eine zu ihren Absichten passende Zeremonie ihre Ziele auch zu erreichen. Der Mann und die Frau entscheiden und ihr Wille ist das Wichtige – der Berater/Priester ist ein Ausführungsgehilfe bei der Umsetzung dieser Entscheidung.

Hier ist jetzt stets von „Mann und Frau" die Rede gewesen, aber diese ganzen Betrachtungen gelten natürlich genauso für „Mann und Mann" und für „Frau und Frau".

III   Die Aufgabe eines Rituals

Warum gibt es eigentlich Rituale und warum auch Hochzeits-Rituale? Sind Rituale nicht ein Element aus den Weltanschauungen früherer Zeiten oder einfach nur eine lästige Verhaltensvorschrift?

Rein technisch gesehen ist ein Ritual eine festgelegte Handlung, die einen Inhalt symbolisch verdeutlichen soll und somit diesen Inhalt betont. Ein solches Ritual ist z.B. das Händeschütteln nach einem gemeinsamen Beschluß, durch den dieser Beschluß sozusagen „besiegelt" wird.

Wie das Wort „besiegeln" schon zeigt, ist auch das Setzen eines Siegels unter ein Dokument eine solche symbolische Handlung, die verdeutlicht, daß eine Besprechung beendet, bindende Vereinbarungen verabredet und eine gültige Übereinkunft getroffen worden ist. Heutzutage reicht eine Unterschrift und gelegentlich ein Stempel, der der Nachfolger des Siegels ist.

Nun hat ein Ritual durchaus noch mehr Aspekte. Dort, wo viele Menschen bei einem Ereignis zusammenkommen, regeln Rituale – also allgemein bekannte Verhaltensregeln – den Ablauf der Dinge und koordinieren dadurch das Verhalten der Menschen und schaffen somit Ordnung statt Chaos. Diese ritualisierten Abläufe reichen vom Grüßen bis zu den Verkehrsregeln.

Die etwas differenzierteren Rituale, von denen es viele mögliche Variationen gibt, sind zudem ein differenzierter Ausdruck von dem, was ein Mensch, zwei Menschen oder eine ganze Gemeinschaft will. Ein Ritual kann daher einen Beschluß veranschaulichen.

Da sich ein Ritual, wenn es gut entworfen und durchgeführt worden ist, aufgrund seiner symbolischen Bildhaftigkeit den Teilnehmern deutlich mehr einprägt als dies bloße Worte tun würden, prägt sich solch ein Ritual auch dem Unterbewußtsein ein und entfaltet dort eine Wirkung.

Wenn viele Menschen an einem Ritual teilnehmen – was bei einer Hochzeit in der Regel der Fall sein wird – prägt sich dieses Ritual nicht nur dem Unterbewußtsein der einzelnen Menschen, sondern auch dem kollektiven Unterbewußtsein ein.

Dieses Einprägen hat noch eine weitere Wirkung: Das Unterbewußtsein ist der Ort, von dem Telepathie und Telekinese ausgehen – somit sind die Bilder in dem Unterbewußtsein auch der Ursprung einer magische Wirkung. Da das kollektive Unterbewußtsein weitaus größer ist als das individuelle Unterbewußtsein, geht von ihm auch eine entsprechend größere magische Wirkung aus.

Ein Ritual hat also auch eine magische Wirkung, d.h. es lenkt sowohl das Verhalten der beteiligten Menschen als auch den „sinnvollen Zufall". Ein Ritual lenkt die zukünftigen Ereignisse folglich in die Richtung der Bilder, die durch das Ritual dargestellt worden sind.

Das wiederum bedeutet, daß ein Ritual stets den wirklichen Absichten der beteiligten Menschen entsprechen sollte – was ja eigentlich selbstverständlich, aber trotzdem nicht immer der Fall ist.

Man kann nun noch einen Schritt weitergehen und die Wirkung des Rituals noch einmal bewußt erhöhen. Dies geschieht folgendermaßen:

In dem individuellen Unterbewußtsein findet man Bilder – in dem kollektiven Unterbewußtsein findet man Urbilder. Wenn man in dem Ritual folglich Urbilder verwendet, spricht man das kollektive Unterbewußtsein an und lädt es zur Mitwirkung ein. Solche Urbilder, die im Zusammenhang mit einem Hochzeits-Ritual auftreten, sind z.B. Mann und Frau, das Halten der Hände, ein Kuß, goldene Ringe usw., aber möglicherweise auch der Lebensbaum, der Lebensweg, das gemeinsame Nest u.ä.

Die wichtigsten Urbilder in dem kollektiven Unterbewußtsein sind jedoch die Gottheiten. Daher kann man die magische Wirkung eines Rituals dadurch vergrößern, daß man im Ritual die Gottheiten anspricht, deren Charakter dem entspricht, was das Brautpaar mit seiner Hochzeit erreichen will.

In den traditionellen Hochzeits-Zeremonien ist bereits festgelegt, welche Gottheiten dabei angerufen werden: Jahwe im Judentum, Gott und Christus und evtl. noch Maria im Christentum, Allah im Islam – im Hindhuismus ist die Vielfalt schon deutlich größer, obwohl es auch dort in fast jeder Sippe eine Hauptgottheit gibt.

Vermutlich wird man bei der Vorbesprechung einer Hochzeit in einem normalen christlichen Rahmen schon auf Schwierigkeiten stoßen, wenn man dem Priester mitteilt, daß man speziell den Segen der heiligen Elisabeth von Thüringen (weil man charitativ eingestellt ist) oder des Sankt Eligius haben will (weil Braut und Brätigam beide Goldschmiede sind). In einem nicht Religions-gebundenen und daher kreativen Ritual kann sich das Brautpaar hingegen frei aussuchen, von welcher Gottheit es einen Segen und Unterstützung haben will.

So kann man Apollo für Harmonie anrufen, Shiva für Ekstase, Pan für Spaß am Sex, Buddha für Selbsterkenntnis, Baldur für Verwandlungen, Pte-san-win für Gedeihen, Kuan Yin für Mitgefühl, Jupiter für Wohlstand usw.

Die Anrufung einer Gottheit ist der kraftvollste Teil einer Hochzeits-Zeremonie und auch der meisten anderen Rituale. Sie ist kein notwendiger Bestandteil der kreativen Hochzeits-Rituale, aber wenn eine größere Wirkung des Rituals erwünscht ist, ist die Anrufung von einer oder mehreren Gottheiten sehr empfehlenswert.

IV Der Rahmen des Rituals

Wenn geklärt worden ist, was die beiden Heiratswilligen eigentlich mit ihrer Heirat erreichen wollen, kann man damit beginnen, den passenden Rahmen für die Hochzeit festzulegen.

Das grundlegendste Element in dem Rahmen der Hochzeit ist die Weltanschauung der beiden Heiratswilligen. Wenn sie beide dieselbe Weltanschauung haben, ist es natürlich einfacher, ein passendes Hochzeitsritual zu entwerfen als wenn beide ein unterschiedliches Weltbild haben.
Wenn es größere Unterschiede gibt, ist es notwendig, eine gemeinsame Basis zu finden, die sich für beide gut anfühlt und hinter der sie auch wirklich stehen können – sonst wird nicht nur die Hochzeit, sondern auch die Ehe zu einem Problem werden.

Der größte Unterpunkt bei der Weltanschauung ist die Religion. Früher gab es ja bei Hochzeiten sogar Kämpfe zwischen dem evangelischen und dem katholischen Glauben – doch diese Zeiten sind heute zum Glück vorbei.
Manche Religionen liegen noch so nah beieinander, daß es nicht schwer ist, eine gemeinsame Grundlage zu finden – z.B. bei der Heirat eines Katholiken mit einer Anthroposophin. Bei „Christ und Jude" wird es schon anspruchsvoller und ebenso bei „Jude und Moslem". Wenn der eine Christ ist und der andere ein Anhänger des Wicca (Hexenkult) oder der eine ein Hindhu und der andere ein Moslem, wird es wahrscheinlich schon ziemlich schwierig.
Hier ist es sehr wichtig, daß sich nicht der eine an den anderen anpaßt, d.h. sich ihm unterordnet – das ist keine Kooperation und kein tragfähiges Fundament. Glücklicherweise kommt der Fall, daß zwei Menschen heiraten wollen, deren Weltanschauung und Religion nur sehr schwer kombinierbar ist, nicht allzuoft vor. Und die Wahrscheinlichkeit, daß sie ein kreatives Hochzeits-Ritual durchführen wollen, ist noch einmal geringer – zum Glück für den Priester/Berater, der ansonsten eine sehr anspruchsvolle und vermutlich auch schwierige Aufgabe vor sich hätte.
Wenn die Religionen sehr verschieden sind und sie zudem noch beide das Selbstverständnis haben, daß sie die „allein seligmachende Lehre" sind, dann wird es ernsthaft problematisch. Es ist dann natürlich sinnvoll, sich auf die Grundwerte zu besinnen, aber es muß – auch wenn bei den Grundwerten Einigkeit besteht – auch in vielen konkreten Fällen entschieden werden, was man macht. Bei der bereits genannten Beschneidung der Jungen gibt es schließlich nur „Beschneidung" oder „keine Beschneidung" – eine „halbe Beschneidung" macht keinen Sinn …
Hier stellt sich auch die Frage, in welcher Religion heiratet man – oder wählt man statt der Wahl einer der beiden Religionen eine kreative Lösung?

Wenn beide von ihrer Religion überzeugt sind und es für den einen nur dann eine richtige Hochzeit ist, wenn sie von einem Christengemeinschafts-Priester geleitet wird, und für den anderen nichts ohne einen richtigen Rabbi geht, haben die beiden ein größeres Problem.

Doch solche Fälle sind zum Glück eher selten – entweder kommen die beiden erst garnicht zusammen oder der eine unterwirft sich „des lieben Friedens willen" dem anderen … was jedoch in den allermeisten Fällen nicht lange gut gehen wird.

Auch der Stil des Hochzeits-Rituals ist wichtig, auch wenn er zunächst mehr nach einer Nebensächlichkeit aussieht.

Macht man aus der Heirat ein Fest? Feiert man es im kleinen Kreis? Betreibt man viel Aufwand? Wen will man alles einladen und wen nicht? Welche Traditionen gibt es in den beiden Familien, aus denen die beiden Heiratswilligen stammen?

Auch hier ist einiges an Koordination notwendig.

Ein weiterer Punkt ist der Ort. Heiratet man in einer Kirche? In einer Moschee? In einer Synagoge? Auf einer Waldlichtung? An einem See?

Bei der Wahl des Ortes sollte man sich überlegen, welche Wirkung der Ort hat. Wenn man in einer katholischen Kirche heiratet, wird die Hochzeit allen als ein katholisches Ritual vorkommen – außer das Hochzeitspaar macht ganz extreme Dinge wie nackt vor dem Altar zu tanzen. Eine Waldlichtung ist da doch schon deutlich neutraler.

Manchmal gibt es auch in alten Parks Orte, die einen sakralen Charakter haben, auch wenn sie nicht direkt als Tempel angelegt worden sind – möglicherweise ist auch solch ein Ort passend, wenn zwei Menschen, die verschiedenen Religionen angehören, heiraten wollen.

Von der Entscheidung, an welchem Ort man heiratet, hängt unter anderem auch die Kleidung der Gäste ab.

Möglicherweise gibt es auch eine Vorliebe für einen bestimmten Zeitpunkt – z.B. die Sommersonnenwende. Das kommt jedoch nur selten vor.

Schließlich gibt es noch einen Punkt, der ansatzweise schon erwähnt worden ist: der astrologische Stil der beiden, d.h. die Horoskope der beiden.

Man kann sehr verschiedene Vorstellungen über das Heiraten haben – und diese Ansichten lassen sich zum Teil anhand des Horoskops erkennen. Zum Glück kann man meistens davon ausgehen, daß zwei Menschen, die zu heiraten beschlossen haben, einigermaßen zusammenpassen – obwohl der Fall, daß ein ungeplantes Kind unterwegs ist und die beiden deshalb heiraten, ja auch nicht gerade ein exotischer Einzelfall ist.

Wenn die beiden Heiratswilligen noch kein Kind erwarten und offen für kreative Lösungen sind (sonst werden sie wohl kaum dieses Buch lesen oder mich danach fragen), kann man auch einmal die beiden Horoskope betrachten und insbesondere schauen, welche Quadrate die beiden in ihren eigenen Horoskopen haben, da dies die Bereiche sind, in denen sie ihre Freiheit brauchen, um gedeihen zu können.

Ebenso sind die Quadrate zwischen den Horoskopen der beiden wichtig, da sie zeigen, wo die beiden sich gegenseitig frei lassen müssen.

Quincunxe zeigen die Stellen an, in denen immer wieder aufs Neue Kompromisse gefunden werden müssen, während Halbsextile auf die Themen hinweisen, bei denen eine Weiterentwicklung zu erwarten ist.

Doch die Deutung der beiden Horoskope und des Partnerhoroskops der beiden ist zwar sehr hilfreich, aber sie gehört nicht mehr zu der üblichen Hochzeitsritual-Beratung dazu.

V Die Rolle des Priesters

Es ist allgemein üblich, daß ein Priester das Hochzeitsritual durchführt. Priesterinnen sind da schon seltener – sie finden sich vor allem in der evangelischen Kirche.

Doch warum überhaupt ein Priester? Zum einen, weil er Erfahrungen mit Ritualen hat, und zum anderen, weil er weiß, wie man einen Segen von Gott, Allah, Jahwe usw. herabruft. In der Regel muß das Brautpaar in einem Ritual, das aus einer traditionellen Religion stammt, nur „Ja und Amen" sagen. Das ist nicht besonders individuell und kreativ.

Warum sollte nicht das Brautpaar selber das Ritual durchführen? Ganz oder teilweise? Und warum sollten nicht auch die Gäste aktiv an dem Ritual teilnehmen? Der Priester kann ja schließlich auch als ein Element von mehreren ein Teil der Hochzeits-Zeremonie sein.

Wenn ein Priester einer bestimmten Religion angehört, sind seine Möglichkeiten, von dem üblichen Ritual abzuweichen, natürlich sehr begrenzt – wenn er nicht den Rauswurf aus seiner Religionsgemeinschaft riskieren will.

Daher braucht man für ein „kreatives Hochzeitsritual" eine Person, die aufgrund ihrer Erfahrungen eine priesterliche Funktion ausüben kann, aber die nicht einer bestimmten Religion fest angehört. Da mittlerweile in der westlichen Zivilisation eine beachtliche spirituell-magische Vielfalt entstanden ist, sollte es möglich sein, eine solche Person zu finden, wenn man beschließt, ein individuelles und daher auch kreatives Hochzeits-Ritual durchzuführen.

Das Brautpaar sollte zusammen mit dem Priester/Berater, nachdem Braut und Bräutigam ausreichend klar formuliert haben, warum sie heiraten wollen und was sie sich idealerweise von der Hochzeits-Zeremonie erwarten, schauen, welche Teile in dem geplanten Ritual enthalten sein sollten. Von dem Charakter dieser einzelnen Ritual-Elemente hängt dann ab, wer den entsprechenden Teil des Rituals sinnvollerweise durchführt.

> - Znächst einmal wird ein Ritual-Leiter gebraucht, der durch das Ritual führt und sagt, was gerade ansteht: ein Tanz, ein Lied, eine Imagination, eine kurze Rede des Bräutigams und der Braut, das Rufen eines Segens von Mutter Erde usw.

Bei manchen Punkten ist es eindeutig, wer sie durchführt:

> - So kann die Willenserklärung zu heiraten, nur von dem Brautpaar selber durchgeführt werden. In der christlichen Kirche ist diese Willenserklärung auf

die Worte „Ja, ich will." reduziert worden. Das geht auch differenzierter und das muß auch bei der Braut und bei dem Bräutigam nicht völlig identisch sein.

- Die Anrufung einer Gottheit und die Bitte um einen Segen sollte jemand durchführen, der schon Übung mit solchen Dingen hat – in der Regel also ein Priester oder eine Priesterin oder eine Person mit der entsprechenden „Vorbildung". Das bedeutet jedoch nicht, daß das Brautpaar und die Gäste nicht in diese Anrufung und in diese Segensbitte miteinbezogen werden können – z.B. durch Klatschen, Gesten, Gesang, Mantren usw.

Bei vielen Punkten ist es jedoch nicht so offensichtlich und eindeutig, wer dafür zuständig ist oder in welcher Weise man sie am besten durchführt. Das sind die Punkte, an denen der „Hochzeitsritual-Berater" zusammen mit dem Brautpaar schauen sollte, was sich am passendsten anfühlt.

Es gibt noch ein Thema, bei dem der Priester selber schauen muß, wie er mit ihm umgehen will: seine eigene Verantwortung.

Er kann sich auf den Standpunkt stellen, daß er dazutut, was er dazutun kann, und daß der Rest die Sache des Brautpaars ist.

Er kann aber auch die Ansicht haben, daß er automatisch für alles eine Verantwortung trägt, was er an dem Brautpaar sehen kann.

Daraus ergeben sich für den Priester recht unterschiedliche Verhaltensweisen. In dem einen Fall sorgt er nur dafür, daß das Ritual zu dem paßt, was die beiden erreichen wollen – in dem anderen Fall sagt er dem Brautpaar auch alle Punkte, von denen er sehen oder spüren kann, daß sie den beiden in der Zukunft noch Schwierigkeiten bereiten könnten.

- Wieviele Dinge sieht der Priester?
- Wieviel will er davon sagen?
- Auf welche Dinge will er hinweisen?
- Welche Dinge verschweigt er?
- Was würde mehr Schaden anrichten als Nutzen haben, wenn es angesprochen wird?
- Was würde die Romantik zerstören?
- Was ist aber notwendig, um zukünftiges Leid zu vermeiden?

Hier gibt es keine generelle Antwort, sondern nur den Stil des Priesters – der wiederum von seinem eigenen Horoskop abhängt.

Der „Kreativ-Priester" ist, wenn er zusammen mit einem Paar ein Hochzeits-Ritual entwirft, automatisch auch so etwas wie ein „prophylaktischer Eheberater".

Hier hat es der Priester in einer traditionellen Religion einfacher: Er braucht dem

Brautpaar nur die Wertmaßstäbe und den Verhaltenskodex der betreffenden Religion zu vermitteln und die beiden dazu zu ermahnen, sich an diese Regeln auch zu halten – in dem Vertrauen, daß dann alles gut wird.

Aber Kreativität ist nun einmal fast immer anspruchsvoller als das Befolgen von traditionellen Vorschriften – aber wahrscheinlich auch produktiver, effektiver und freudevoller ...

VI Das Entwerfen des Rituals

Ein Ehe-Ritual besteht aus verschiedenen Elementen. Jedes dieser Elemente ist in einer der Absichten der Braut und des Bräutigams begründet und soll ihnen das Erreichen ihrer Ziele erleichtern.

1. Die Willenserklärung

Das zentrale Element der Heirat ist die Willenserklärung der Braut und des Bräutigams. Diese Willenserklärung sollte von den beiden selber gesprochen werden.

Es ist sinnvoll, vor dem Ritual einige Zeit darauf zu verwenden, die Qualität, die eine solche Willenserklärung für die beiden hat, zu klären. Dadurch werden zum einen Mißverständnisse vermieden und zum anderen kommen dadurch möglicherweise individuellere und kreativere Formulierungen zustande, die das, was die beiden wollen, viel zutreffender ausdrücken.

Wie kann der Charakter dieser Willenserklärung aufgefaßt werden? Da gibt es viele Möglichkeiten.

Einige von ihnen sind:

- Wenn die Willenserklärung keinerlei Verbindlichkeit hat, ist es eigentlich überflüssig, solch eine Erklärung von sich zu geben. Wie diese Verbindlichkeit aussieht, ist jedoch keineswegs eindeutig.

- Die Ehe kann als etwas angesehen werden, was einem als das Bestmögliche erscheint und was man daher auch anstrebt. Man sieht jedoch keine lebenslange Bindung in dieser Willenserklärung.

- Beide geben der Richtung, in die beide zusammen gehen wollen, eine äußere Form. Das Wesentliche ist die Einigkeit über die Richtung – die weitere Entwicklung wird nicht thematisiert.

- Die vorige Auffassung kommt dem Starten eines Projekts schon sehr nahe. Man hat ein Ideal und bündelt alle Kräfte auf dieses Ziel hin aus. Diese Bündelung ist dann die Hauptaufgabe der Hochzeitszeremonie.

- Beide beschließen durch ihre Willenserklärungen, verantwortlich zu handeln – wobei nicht näher festgelegt wird, worin dieses verantwortliche Handeln besteht.

- Die Ehe wird als das derzeit Richtige angesehen, das idealerweise auch eine große Beständigkeit hat, das jedoch entsprechend dem Leben der beiden ständig weiterentwickelt wird. Das kann im Extremfall auch die Trennung der beiden beinhalten. Die Ehe ist aus dieser Sicht eine Entwicklungsgemeinschaft.

- Man will mit dem anderen zusammenleben, aber es ist klar, daß man in erster Linie immer sich selber treu bleiben wird. Man lebt folglich so lange mit dem anderen zusammen, wie das der eigenen Wahrheit entspricht.

- Eine nur wenig tragfähige Variante ist die Ansicht, daß man jetzt die Ehe will, aber daß es ja zur Not auch Scheidungen gibt. Das schon gleich am Anfang einzuplanen könnte ein wenig die Konzentration und die Kraft aus dem Ganzen nehmen …

- In den monotheistischen Religionen, also vor allem im Judentum, Christentum und Islam, legen sich die beiden lebenslang fest: „Bis das der Tod euch scheide!" Das bedeutet, daß der Beschluß über allem anderen steht und daß man seinen Willen auf dieses eine Ziel festlegt. Das bedeutet letztlich, daß man in dem Moment der Heirat seine Freiheit aufgibt.

Das ist jedoch etwas, was von den Menschen sehr verschieden empfunden werden kann: Für die einen gibt diese Festlegung Sicherheit, für die anderen bedeutet diese Festlegung, daß sie ihren Willen aufgeben. Der Unterschied bei diesen beiden Sichtweisen besteht manchmal auch darin, ob beide in ihrer Kraft ruhen oder ob der eine der Mächtige und der andere der Ohnmächtige ist.

Eine lebenslange Festlegung kann nur dann etwas Kreatives werden, wenn beide sehr eigenständig sind und in allen Konfliktpunkten zu Einigungen finden, denen beide aufrichtig zustimmen können. Das ist jedoch eine durchaus anspruchsvolle Angelegenheit.

Menschen mit Quadraten in ihren Horoskopen – also Menschen, denen in bestimmten Lebensbereichen ihre Freiheit wichtig ist – werden tendenziell solche lebenslangen Festlegungen meiden oder eben dafür sorgen, daß in der Ehe das geschieht, was sie wollen und nicht das, was der andere will.

Dies kann ein heikler Punkt in solchen Heiratsritual-Besprechungen sein, weil zum einen der Wunsch nach Sicherheit und Geborgenheit bei vielen Menschen sehr groß ist und zum anderen die Vorstellung, daß das Ehegelöbnis etwas Absolutes ist, weit verbreitet ist.

- Wenn die beiden nicht ernsthaft längerfristig zusammen sein wollen, gibt eine Ehe keinen Sinn. Es gibt jedoch in Bezug auf die „Festlegung" beim Ehegelöbnis viele verschiedene Nuancen.

Dies ist letztlich auch die Frage nach dem Wert der Beständigkeit und auch danach, was man für das Erhalten dieser Beständigkeit zu tun bereit ist. Dabei ist das Streben nach der eigenen Aufrichtigkeit und nach der eigenen psychischen Heilung ausgesprochen förderlich. Wenn jedoch der eine macht, was er will, und der andere sich bis zur Selbstaufopferung an ihn anpaßt, ist das auch kein gutes Ehe-Fundament.

Dieses Thema kann manchmal heikel sein – aber meistens zeigt es sich erst nach einigen Jahren der Ehe wirklich deutlich, ob die beiden in der Lage sind, ein wirkliches Miteinander zu leben.

Es gibt allerdings auch Ehe-Rituale oder genauer gesagt Beziehungs-Rituale, die keine in Worte gefaßte Willenserklärung enthalten, sondern deren Ziel es ist, einen Segen auf die Beziehung von zwei Menschen herabzurufen.

Das ist der Ansatz, der sich in den frühen vor-monotheistischen Religionen wie dem Alten Ägypten oder in den Naturreligionen sowie in den neuen, wiederbelebten Formen dieser alten Religionen wie z.B. dem Wicca (Hexenkult) findet.

Ob man solche Rituale zu den Ehe-Ritualen hinzuzählen will oder nicht, ist jedem selber freigestellt.

2. Der grundlegende Ritual-Aufbau

Das Ehe-Ritual hat unabhängig von den konkreten Absichten des Brautpaares – wie so gut wie jedes Ritual – einen dreiteiligen Aufbau:

1. die Eröffnung des Rituals – einschließlich der Weihung des Ortes (die jedoch auch schon vorher durchgeführt werden kann)

2. das Ehe-Ritual selber – einschließlich der beiden Willenserklärungen des Brautpaares

3. der Abschluß des Rituals

Wie diese drei Teile konkret aussehen, hängt wieder von dem ab, was das Brautpaar will.

3. Die Absichten des Brautpaares

Die Elemente des Ehe-Rituals ergeben sich aus den Wünschen, die das Brautpaar hat, also aus dem, was sie mit der Ehe-Zeremonie erreichen wollen.

Für jeden dieser Wünsche und für jede dieser Absichten – die in den Grundzügen in den beiden Willenserklärungen beschrieben werden – wird nun von dem Priester/Berater in Zusammenarbeit mit dem Brautpaar eine passende Form gesucht.

Wenn diese Formen gefunden worden sind, müssen diese Elemente noch in eine sinnvolle Reihenfolge gebracht werden. Dafür ist ein wenig Erfahrung mit Ritualen unentbehrlich.

Ein weiterer Punkt, den man berücksichtigen sollte, ist der weitgehend einheitliche Stil des Rituals. Man kann durchaus Elemente aus verschiedenen Kulturen und Religionen benutzen, aber sie sollten zusammenpassen.

Letztlich ist es natürlich vor allem wichtig, daß das Ritual in sich schlüssig ist und daß das Brautpaar dem Ritual von ganzem Herzen zustimmen kann, weil es genau das ausdrückt, was sie wollen.

Es ist hilfreich, wenn das Brautpaar ein Symbol finden kann, das ihre Absichten ausdrückt:

- eine Sonne, die in einer Mondsichel liegt (Eigenständigkeit in Geborgenheit),

- ein Baum (Aufrichtigkeit und Gedeihen),

- zwei goldene Ringe (Beständigkeit),

- das Tierkreiszeichen-Symbol des Krebses (wenn beide die Sonne im Krebs stehen haben sollten),

- Christus (wenn er die zentrale Gottheit des Brautpaares ist),

- das Mandala der vier Elemente und der Quintessenz (wenn den beiden das innere Gleichgewicht und die Vollständigkeit wichtig ist),

usw.

Ein solches Symbol kann die verschiedensten Formen haben – und es darf auch ruhig kreativ gestaltet werden.

Dieses Symbol kann dann später in dem Ritual selber verwendet werden.

4. Die Elemente des Ehe-Rituals

Man kann sich nun die möglichen Motivationen und folglich auch die möglichen Elemente des Ehe-Rituals näher anschauen. Die folgende Liste enthält sicherlich nicht alle möglichen Motivationen/Elemente, die in einem solchen Ritual enthalten sein können, aber die Auswahl sollte zumindestens einen Eindruck davon vermitteln können, wie vielfältig diese Motivationen/Elemente sein können – eben genauso vielfältig wie die Absichten, die ein Brautpaar mit seiner Eheschließung verfolgt.

- Eine wichtige und oft vorkommende Heirats-Motivation ist die Sehnsucht nach Geborgenheit, Verläßlichkeit und Sicherheit.

- Damit eng verbunden ist das „sich aufeinander verlassen können". Man hat den Wunsch, „gemeinsam durch Dick und Dünn zu gehen".

- Eine andere Motivation ist es, gemeinsam die Welt entdecken zu wollen. Offenbar hat das Brautpaar in diesem Fall die Ansicht, daß dies gemeinsam besser möglich ist als alleine. Die beiden suchen also das Abenteuer.

- Ein mögliches Bild, das bei der Klärung der Heirats-Motivation auftauchen kann, ist das Bild der Ehe als ein fester Hafen, der jedoch offen für Seefahrten in fremde Länder ist. Das kann verschiedene Dinge bedeuten, die von Reisen alleine über Zeiten, in denen beiden getrennt leben und verschiedene Dinge tun, bis hin zu anderen sexuellen Kontakten reichen.
Das bedeutet nicht, daß den beiden diese Ehe nicht wichtig ist, aber sie ist für die beiden eben der Heimathafen, das sichere Fundament, zu dem man immer zurückkehren kann, und sie ist nicht der begrenzende Rahmen des zukünftigen Lebens.

- Auch der Bezug des Brautpaars zu den beiden Herkunftsfamilien und zu der gesamten Sippe sollte geklärt werden.

- Ein ganz zentraler Punkt ist oft der Kinderwunsch und die Schaffung eines „Nestes", in dem die Kinder auf eine gute und sie fördernde Weise heranwachsen können.

- Die Frage, wie es mit den eigenen Freundschaften weitergeht, tritt ebenfalls des öfteren in solchen Heiratsplanungs-Gesprächen auf. Allerdings wird diesen Freundschaften in der Planung oft mehr Raum gegeben als dann später, wenn die ersten Kinder geboren worden sind, tatsächlich noch für die Freundschaften zur Verfügung steht.
In einer Familie mit Kindern gibt es so viel zu tun, daß für die Freundschaften in der Regel nur noch am Rande Raum bleibt. Das ändert sich erst

wieder, wenn die Kinder älter geworden sind und evtl. schon das Haus verlassen haben. Dann können alte Freundschaften wieder mehr Zeit erhalten – und es ist für das zu diesem Zeitpunkt schon ältere Brautpaar ein großes Geschenk, wenn ein paar der früheren Freundschaften die Zeit der „Familie mit Kindern" überstanden haben.

Das heißt jetzt nicht, daß eine Ehe mit Kindern Freundschaften unmöglich macht, aber die Zeit für Freundschaften ist im Vergleich zu der „vor-Ehe-Zeit" und zu der „die-Kinder-sind-noch-nicht-erwachsen-Zeit" doch sehr eingeschränkt.

Trotzdem ist es für jedes Paar sinnvoll, seine Freundschaften weiterhin zu pflegen.

- Ein Element, das erst in den letzten Jahrzehnten wichtiger geworden ist, ist der Wunsch nach Weiterentwicklung – sowohl jeder für sich als auch gemeinsam als Paar.

- Dann gibt es auch verbindende Motivationen, die zwar nicht direkt etwas mit der Ehe zu tun haben, aber die, da sie beiden wichtig sind, auch ein Element in der Ehe sind. Dazu zählt ganz generell die Weltanschauung und die Religion, aber auch die Reiselust, die soziale Verantwortung für das eigene Land, die ökologische Verantwortung für die Erde, die verschiedensten religiösen, spirituellen und magischen Engagements oder evtl. derselbe Beruf von Mann und Frau (z.B. eine gemeinsame Zahnarztpraxis). Diese Liste ließe sich fast beliebig verlängern.

- Dann gibt es noch die Hobbys – sowohl die gemeinsamen als auch diejenigen, die jeweils nur einer der beiden hat. Auch für sie sollte Raum bleiben.

- Ein generelles Thema ist das Gleichgewicht zwischen Nähe und Distanz – wobei dieses Gleichgewicht für jeden Menschen woanders liegt. Wenn dieses Gleichgewicht für den Mann und die Frau nicht an einer ähnlichen Stelle liegt, wird es Probleme geben.

Dies sind jetzt noch nicht alle Themen, die bei der Planung einer Hochzeits-Zeremonie als Wunsch auftreten können, aber es sind zumindestens die häufigsten.

Alle diese Wünsche müssen jetzt eine konkrete Form erhalten, um Teil des Ehe-Rituals werden zu können.

VII Die konkreten Ritual-Elemente

Die Ritual-Elemente sollten allesamt einfach und spontan verständlich sein, da man nicht davon ausgehen kann, daß das Brautpaar und alle Gäste mit spezielleren Ritualen wie z.B. dem Kleinen Pentagramm-Ritual oder dem Medizinrad der Dakota-Indianer vertraut sind. Einfache Gesten, Worte und Symboliken sind hingegen für fast jeden spontan verständlich.

Im Folgenden wird eine Reihe von möglichen Ritual-Elementen dargestellt, die jedoch keineswegs vollständig oder verbindlich ist – sie soll lediglich die Art veranschaulichen, wie man ein kreatives Hochzeits-Ritual entwerfen kann. Wenn man selber entweder für sich selbst und den eigenen Partner oder für ein Paar ein solches Ritual entwirft, wird man wahrscheinlich den einen oder anderen wichtigen Punkt finden, der hier noch nicht aufgeführt worden ist, aber für diese Punkte kann man dann mithilfe der eigenen Phantasie und Kreativität ein passendes Ritual-Element entwerfen.

1. Die Weihung des Ortes

Wie vieles bei diesem Hochzeits-Ritual hängt auch diese Weihnug von der Weltanschauung und dem Stil sowohl des Paares als auch des Priesters bzw. der Priesterin, die das Ritual leitet, ab.

Die Weihung kann ein Teil des Hochzeits-Rituals sein, aber es ist naheliegend, die Weihung schon vorher durchzuführen, da dies kein Element des Rituals ist, das die Gäste notwendigerweise miterleben müßten.

Die Weihung des Ortes und die Art des Ortes hängen in der Regel eng zusammen. In erster Linie hängt die Art der Weihung natürlich von den Zielen des angehenden Brautpaares ab.

Eine Weihung ist im Kern die Aufnahme des Kontaktes zu einer Gottheit und die Bitte an sie, den Ort zu reinigen, mit Lebenskraft zu erfüllen und mit der Qualität der Gottheit zu erfüllen. Die Weihung eines Ortes ist nichts anderes als die Bitte um einen Segen.

Man wird den Ort zunächst einmal begrenzen, d.h. bestimmen, welcher Bereich geweiht werden soll: ein Zimmer, ein Saal, ein Tempel, eine Lichtung, ein Stück Flußufer, ein kleines Tal, der Raum innerhab einer Umgrenzungsmauer usw.

Dieser Bereich kann von einem Schutzkreis umgeben werden, der durch Steine markiert und evtl. durch ein dem Priester geläufiges Ritual geschützt wird, aber das ist nicht unbedingt notwendig. Es ist lediglich sinnvoll, daß der „heilige Raum" für alle als solcher erkennbar ist. Dieser Raum muß auch keine präzise Grenze haben – es genügt, wenn er generell gut erfaßbar ist wie z.B. bei einer Lichtung.

Als nächstes wird dann durch den Priester der Segen einer oder mehrerer Gottheiten an diesen Ort gerufen.

Dies werden die Gottheiten sein, die dem Brautpaar am nächsten sind. Möglicherweise sind das Christus oder Allah oder Jahwe, vielleicht aber auch Indra, Innana, Isis, Sobek, Pte-san-win oder sonst eine unbekanntere Gottheit – das wird jedoch nur der Fall sein, wenn das Paar ein tiefergehendes spirituell-magischen Interesse hat.

Der gesamte Charakter eines Rituals hängt mit der Wahl dieser Gottheiten zusammen – ein Ritual, das unter dem Segen von Christus und Maria steht, wird einen anderen Charakter haben als ein Ritual, daß unter dem Schutz von Pan und Isis oder gar von Baphomet und Santa Muerte steht.

Natürlich müssen es nicht eine männliche und eine weibliche Gottheit sein, auch wenn das bei einer Hochzeit naheliegend ist – es können genausogut zwei männliche oder zwei weibliche Gottheiten sein, drei oder vier Gottheiten oder auch nur eine einzelne Gottheit.

Wenn das Paar keine bestimmten religiösen Vorlieben hat, kann man auch Mutter Erde und Vater Sonne um einen Segen bitten. Dies wäre das neutralste Vorgehen.

Die Weihung sollte von dem Priester so durchgeführt werden, wie es ihm geläufig ist, da dies in der Regel auch am effektivsten sein wird.

Die einfachste und archaischste und daher auch recht wirkungsvolle Weihung sieht wie folgt aus:

- Der Priester sendet von seinem Herzchakra aus durch sein Wurzelchakra einen Lebenskraft-Lichtstrahl nach unten in die Mitte der Erde zu dem glühenden Eisen-Nickel-Kern der Erde.

- Er bittet den für das Ritual passenden Teil der Lebenskraft, aus der Erdmitte zu dem Ritual-Ort aufzusteigen. Meistens hat diese Lebenskraft (innerlich gesehen) die Gestalt von Feuer, von einer Schlange oder von einem Drachen. Diese Gestalt wird gebeten, während des Rituals an dem betreffenden Ort zu sein.

- Der Priester sendet von seinem Herzchakra aus durch sein Scheitelchakra einen Lebenskraft-Lichtstrahl nach oben in das glühende „Herz der Sonne".

- Er bittet den für das Ritual passenden Teil der Lebenskraft, aus der Mitte der Sonne zu dem Ritual-Ort herabzufließen. Meistens hat diese Lebenskraft (innerlich gesehen) die Gestalt von Licht, von einem Vogel oder von einem

Engel oder einem anderen geflügelten Wesen. Diese Gestalt wird gebeten, während des Rituals an dem betreffenden Ort zu sein.

- Dann imaginiert der Priester in der Mitte des Ritual-Platzes, also an dem „Herzchakra" dieses Ortes das Symbol, das das Brautpaar für seine Ehe entworfen hat. Dort wird dieses Symbol dann von dem Feuer aus der Erde und von dem Licht von der Sonne mit Lebenskraft aufgeladen.

Das Rufen des Erd-Feuers und des Himmels-Lichtes ist auch die Grundform der Kundalini-Meditationen, bei der an die Stelle des Ehe-Symbols die eigene Seele im Herzchakra tritt.

Das Leiten der herbeigerufenen Lebenskraft in das Ehe-Symbol entspricht dem Vorgehen bei der Weihung eines Talismans o.ä.

2.   Die vier Elemente und die Quintessenz

Es gibt auch allgemeine Grundmuster, die man in einem solchen Ritual benutzen kann. Dafür eignen sich bei einem Ritual wie diesem, bei dem fast nur Ritual-Laien anwesend sein werden, nur die einfachsten Strukturen.

Eine dieser Strukturen ist bereits bei der Weihung des Ortes verwendet worden: das Erdfeuer unten und das Sonnenlicht oben. Das Erdfeuer gibt Stärke und Geborgenheit – das Sonnenlicht gibt Integration und Lebensfreude.

Eine andere naheliegende Grundstruktur sind das Mandala der vier Elemente und der Quintessenz. Bei diesem einfachen Mandala befindet sich die Luft (Verstand, Beweglichkeit, Wahrheit) im Osten, das Feuer (Kraft, Mut, Unternehmungsgeist) im Süden, das Wasser (Gefühle, Anteilnahme, Liebe) im Westen, die Erde (Festigkeit, Beständigkeit, Gedeihen) im Norden, und die Quintessenz, d.h. das Licht (Bewußtheit, Essenz, Seele) in der Mitte des Kreises der vier Elemente.

Diese Struktur kann man für die verschiedensten Zwecke verwenden – z.B. indem man die jeweiligen Wünsche einem dieser Elemente zuordnet.

Man kann mithilfe dieser Struktur auch die Gäste auf eine einfache Weise in das Ritual miteinbeziehen, indem man zu Beginn des Rituals alle Gäste, die von ihrem Sternzeichen her Widder, Löwe oder Schütze, also ein Feuerzeichen sind, bittet, sich als Vertreter des Feuer-Elementes in den Süden zu stellen. Die Wasserzeichen Krebs, Skorpion und Fische stellen sich entsprechend in den Westen, die Luftzeichen Waage, Wassermann und Zwillinge in den Osten und die Erdzeichen Steinbock, Stier und Jungfrau in den Norden. Das Brautpaar steht als die Essenz und als das Thema des Rituals in der Mitte. Der Priester steht dort, wo er gerade etwas anleitet.

Wenn diese oder eine Symbolik verwendet wird, bei der die Gäste eine bestimmte Rolle haben, wird diese Symbolik gleich zu Anfang erklärt. Bei der Verwendung der Elemente-Struktur stellen sich die Gäste z.B. vor Beginn der Zeremonie schon in den vier Richtungen auf.

Man kann die vier Elemente in dem Hochzeits-Ritual auch durch ein Lied anrufen – z.B. durch das Folgende, das von Fred Hageneder stammt und von mir und Jörg Wichmann ins Deutsche übersetzt worden ist.

We dance for the Fire of the Earth
Lied an die vier Elemente

Fred Hageneder
(aus der MC "Y Saith Gwreiddyn")

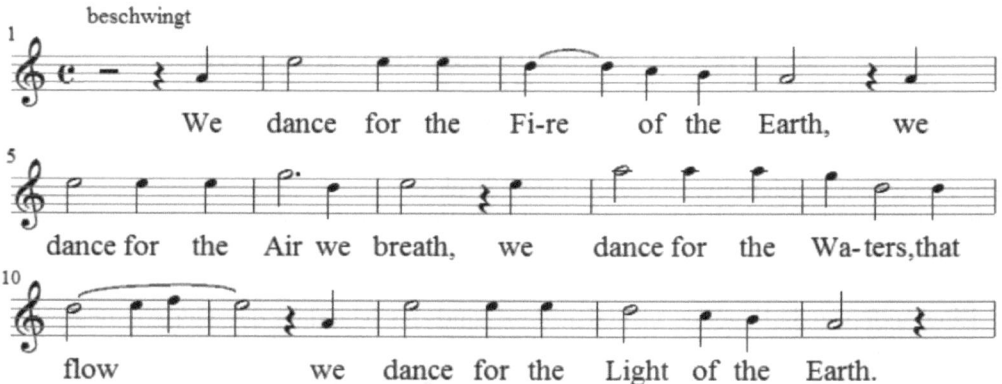

Je nach der Gelegenheit, bei der man das Lied benutzt, kann man in dem Text auch „dance" durch „sing" ersetzen bzw. „tanzen" durch „singen".

Dieses Lied läßt sich mit leicht veränderter Melodie auch auf deutsch singen:

Wir tan - zen für das Feu - er der Er - de,
wir tan - zen für die Luft, die wir at - men, wir
tan - zen für das Was - ser, das fließt wir
tan - zen für das Licht der Er - de.

3. Die Eröffnung

Man kann das Ritual auf die verschiedensten Weisen beginnen: Man kann einen Gong schlagen, man kann ein paar Minuten trommeln, bis alle versammelt sind, Braut oder Bräutigam können alle herbeirufen usw. Da kann man ruhig kreativ werden und schauen, was zu dem Brautpaar paßt.

Wenn alle versammelt sind, ist es eine einfache und allen verständliche Geste, wenn alle einschließlich des Brautpaares im Kreis stehen und sich die Hände reichen. Dann beginnt der Priester ganz langsam die Hände zu heben, wobei sich weiterhin alle an den Händen halten. Dabei beginnt der Priester einen Ton zu singen und alle singen mit, bis die Hände ganz nach oben ausgestreckt sind und der Ton immer lauter geworden ist.

Diese schlichte Versammlungs-Geste, Konzentrationsförderung und Lebenskraft-Anrufung kann dann z.B. mit einem lauten „Ho!" oder ähnlichem beendet werden.

Dann kann das Brautpaar in die Mitte treten und sagen: „Wir wollen heute heiraten. Wollt ihr Luft-Menschen (nach Osten gewandt) uns Klarheit wünschen?" Die Luft-Leute antworten mit „Ja!". Das kann dann noch zweimal wiederholt werden, wodurch sich alle „Luft-Gäste" richtig auf diesen Wunsch einlassen können.

Dasselbe wird dann mit den Feuer-Menschen im Süden und der Kraft, mit den Wasser-Menschen und der Liebe im Westen sowie mit den Erd-Menschen und dem

Gedeihen im Norden durchgeführt.

Etwas Ähnliches kann man auch ohne die Elemente-Symbolik durchführen und diese vier „Elemente-Fragen" oder andere Fragen einfach an alle Gäste stellen.

Der Priester kann auch – wenn das Brautpar dies gut findet – den Gästen vor Beginn des Rituals sagen, daß sie laut „Ho!" rufen können, wenn sie etwas besonders gut finden oder etwas bekräftigen oder unterstützen wollen.

4. Die Willenserklärung

Die Willenserklärung ist das zentrale Element der Heirat – sofern diese Willens-erklärung nicht aus irgendeinem Grund fortgelassen wird.

Diese Erklärung durch die Braut und durch den Bräutigam kann relativ weit am Anfang des Rituals stehen, da diese beiden Willenserklärungen das Fundament des gesamten Rituals sind.

Dafür treten die Braut und der Bräutigam in die Mitte des Kreises, der aus den Gästen gebildet wird, und stehen sich gegenüber.

Falls ein Mandala wie der Kreis der vier Elemente als Ritual-Grundlage benutzt wird, findet das Brautpaar möglicherweise eine bestimmte Position in dem Kreis passend und sollte sie dann auch einnehmen. Wenn z.B. der Mann Wassermann ist und die Frau ein Skorpion, dann wäre es naheliegend, wenn der Mann als Luftzeichen im Osten und die Frau als Wasserzeichen im Westen steht. Doch solche Details sind nicht sonderlich wichtig.

Dort in dem Kreis sagen dann der Mann und die Frau nacheinander, daß sie ein-ander heiraten wollen und warum sie heiraten wollen. Das sollte nicht zu kurz und nicht zu lang werden – aber vor allem sollte es dem Betreffenden entsprechen. Drei bis fünf Sätze, maximal zehn Sätze sind in der Regel ein gutes Maß.

Wer von den beiden als erster spricht, sollten die beiden unter sich ausmachen.

Wenn dies ausgemacht worden ist, können die Gäste danach die Wünsche der bei-den durch ein „Ho!" bekräftigen.

5. Geborgenheit, Verläßlichkeit und Sicherheit

Bei diesem Thema kommt es darauf an, was das Bild des Brautpaares bezüglich dieser „saturnischen" Qualitäten ist: eine Burg, in der sie gemeinsam leben; das Gehen des Lebensweges Hand in Hand; emotionale Zugewandtheit; Unerschütterlichkeit; Schutz gegen die Welt; Treue bis zum Tod; usw.

Sofern vor allem der Schutz wichtig ist, kann z.B. ein Schutzkreis um die beiden gebildet werden, der z.B. aus den Gästen bestehen kann, die sich rings um das Brautpaar stellen.

Es kann auch ganz schlicht ein Handreichen des Brautpaares sein oder das gegenseitige Anstecken eines Ringes.

Wenn es vor allem um die Geborgenheit geht, wäre eine Umarmung des Brautpaares passend – evtl. als Erweiterung auch eine Umarmung durch alle Gäste, die sich rings um das Brautpaar stellen und sozusagen eine „Gruppen-Umarmung" durchführen.

Wenn vor allem die Sicherheit wichtig ist und die beiden eine ausgeprägte magisch-spirituelle Ader haben, können sich die Gäste auch in einem Quadrat um die beiden in der Mitte stellen, ihre Hände schräg nach vorne erheben und gemeinsam eine schützende Pyramide imaginieren, in der das Brautpaar steht. Dabei kann es förderlich sein, wenn alle gemeinsam 1-3 Minuten lang ein „a" singen (intonieren). Solch ein Singen würde dann von dem Priester angeleitet werden.

6. Das Gleichgewicht zwischen Nähe und Distanz

Auch das Gleichgewicht zwischen Nähe und Distanz kann – wenn es ein Thema bei dieser Hochzeit sein sollte – auf verschiedene Weisen dargestellt werden.

Das Brautpaar kann sagen, daß ihm dieses Gleichgewicht wichtig ist, und es kann die Gäste einladen, rhythmisch zu klatschen. Dazu beginnen die Braut und der Bräutigam dann zusammen zu tanzen, sich wieder zu trennen, alleine zu tanzen, zu einem der Gäste in dem rings um sie stehenden Kreis zu tanzen, ihm die Hände zu reichen oder mit ihm zu tanzen und ihn dann wieder loszulassen; dann treffen sich Braut und Bräutigam wieder in der Mitte als Paar und tanzen wieder zusammen.

Dasselbe kann auch pantomimisch dargestellt oder durch Worte, die die beiden zueinander sprechen, ausgedrückt werden.

7. Freiheit und Bindung

Dieses Thema gleicht weitestgehend dem vorigen. Vermutlich kann man es am einfachsten durch Worte oder durch den Wechsel von Hände-Reichen und Hände-Loslassen darstellen.

Wenn dieses Thema dem Brautpaar sehr wichtig ist, können sie oder der Priester auch zwei Gottheiten rufen, die diese Qualitäten darstellen – z.B. Pan (Ungebundenheit, Abenteuer) und Demeter (Mutter, Gemeinschaft) oder stattdessen auch den Bären (Eigenständigkeit, Freiheit) und die Büffelfrau (Gemeinschaft, Bindung) aus dem Schwitzhütten-Ritual. Die Wahl dieser Gottheiten hängt von dem Weltbild und den Absichten des Brautpaares ab.

8. Die Weiterentwicklung des Paares

Die Weiterentwicklung des Paares wird vermutlich zu dem Bild eines Pfades führen oder zu dem Motiv von Toren, durch die das Paar wandert. Um das rituell darzustellen, können sich immer zwei Gäste einander gegenüber stellen und mit den Armen, die nach oben und nach vorne ausgestreckt werden, ein Tor bilden. Diese Tore bilden dann entweder einen Kreis (wenn das Brautpaar das Bild einer geraden Reise hat) oder sie stehen bunt durcheinander an dem Ritual-Platz (wenn das Brautpaar die eigene Weiterentwicklung eher als eine unvorhersehbare Wanderung ansieht).

Dabei können die „Tor-Paare" dem Brautpaar etwas wünschen, wenn das Brautpaar durch ihr Tor geht, oder die Gäste singen alle zusammen ein Lied, das das Brautpaar ausgesucht hat und das zu ihrem Bild der gemeinsamen Entwicklung paßt.

9. Gemeinsam die Welt entdecken

Dieses Thema ähnelt dem vorigen Thema, nur daß die Entdeckungen und Erlebnisse im Außen und nicht im Innen liegen. Man kann dieses Thema wie das vorige darstellen oder sich eine andere Variante ausdenken.

Wenn das Paar z.B. die Vorstellung hat, daß es durch seine Entdeckung der Welt immer reicher an Erlebnissen wird, könnten sie sich z.B. an der Hand halten und durch den Kreis gehen (evtl. in einem Tanzschritt). Dabei ergreifen sie immer wieder einen der Gäste an der Hand und nehmen ihn auf ihrer Tanz-Wanderung mit, sodaß sich nach und nach eine lange Schlange von Gästen bildet, die von dem Brautpaar

32

angeführt wird.

Hier wären ein paar kurze einleitende Worte über das, was sich das Brautpaar wünscht – also die gemeinsame Entdeckung der Welt – sinnvoll.

Man kann diesen Ritual-Teil auch anders angehen: Das Brautpaar geht innen rings an dem Kreis der Gäste entlang und fragt sie „Was können wir alles entdecken?", woraufhin der Gast, vor dem sie gerade stehen, spontan z.B. mit „Liebe", „Freundschaft" oder „ferne Länder" antwortet. Natürlich muß die Frage nicht jedesmal aufs Neue gestellt werden – bei wenigen Gästen würde das noch passen, aber bei vielen Gäste könnte das zu eintönig werden.

10. Das gemeinsame Abenteuer

Dieses Motiv gleicht dem vorigen, aber es betont stärker die Tat, das Erlebnis und auch das Wagnis.

Hier könnte man ein einfaches Wechselgespräch inszenieren:

> Brautpaar: *„Wir wollen ein gemeinsames Abenteuer leben. Helft ihr uns, den Mut des Feuers zu rufen?"*
> Alle: *„Mut! Mut! Mut!"*
> *„Helft ihr uns, die Klarheit der Luft zu rufen?"*
> *„Klarheit! Klarheit! Klarheit!"*
> *„Helft ihr uns, das Glück des Wasser zu rufen?"*
> *„Glück! Glück! Glück!"*
> *„Helft ihr uns, die Sicherheit der Erde zu rufen?"*
> *„Sicherheit! Sicherheit! Sicherheit!"*
> *„Helft ihr uns, die Geborgenheit von Mutter Erde zu rufen?"*
> *„Geborgenheit! Geborgenheit! Geborgenheit!"*
> *„Helft ihr uns, die Eigenständigkeit von Vater Sonne zu rufen?"*
> *„Eigenständigkeit! Eigenständigkeit! Eigenständigkeit!"*
> Brautpaar und Gäste: *„Abenteuer! Abenteuer! Abenteuer! Abenteuer …"*

Hier könnten auch statt alle nur jeweils nur diejenigen auf die Fragen des Brautpaares antworten, die zu dem betreffenden Element gehören, also die Feuer-Menschen im Süden, die Luft-Menschen im Osten, die Wasser-Menschen im Westen und die Erd-Menschem im Norden.

Die letzte Zeile (*„Abenteuer!"*) rufen auch hier dann alle zusammen.

11. Der sichere Hafen und die Seefahrten in fremde Länder

Hier liegt es nahe, Eigenständigkeit und Sicherheit darzustellen – also Feuer und Erde, wenn man es von den Elementen her betrachten will.

Zunächst einmal sollte klar sein, worauf sich diese „Seefahrten in fremde Länder" beziehen: auf Zeiten alleine, auf Reisen, auf Freundschaften, auf sexuelle Begegnungen usw. Daran wird sich dann auch die Darstellung dieses Wunsches orientieren.

Bei einem so speziellen Wunsch wird es sinnvoll sein, wenn das Brautpaar – vermutlich jeder für sich – diesen Wunsch kurz ausspricht.

Wenn ein solches Brautpaar Eheringe benutzen will, könnte es für sie passend sein, wenn ihnen nicht der Priester die Eheringe ansteckt (wie in den traditionellen Religionen) und sie sich die Eheringe auch nicht gegenseitig anstecken (was die Bindung betonen würde), sondern daß sich die beiden ihren Ring jeweils selber anstecken (was ihre Eigenständigkeit betont).

In diesem Ritualteil sollte deutlich werden, daß das Paar füreinander das Fundament des Lebens bildet, aber daß sie manche Dinge auch alleine tun wollen und tun werden. Wenn es eine „offene Beziehung" werden soll, ist es wichtig, deutlich zu machen, daß die beiden einander von der Beständigkeit her treu sein werden, aber nicht von der Ausschließlichkeit her.

Hier hängt vieles davon ab, was das Brautpaar genau will. Generell könnten die beiden die Sonne bitten, ihnen Eigenständigkeit und Herzlichkeit zu geben, und sie könnten die Erde bitten, ihnen Beständigkeit und Fülle zu geben. Dafür könnten sie einmal ihre Hände zur Sonne emporheben und einmal ihre Handflächen auf die Erde legen.

12. Freundschaften

Hier läßt sich ein einfaches Ritual-Element entwerfen. Da sich die Freunde und die Verwandten ja bis auf wenige Ausnahmen entweder der Braut oder dem Bräutigam zuordnen lassen, kann sich das Brautpaar in die Mitte stellen und die Freunde und Verwandten zu sich rufen. Das Brautpaar steht dabei Hand in Hand und ergreift mit der jeweils freien anderen Hand einige Hände von Freunden und Verwandten, die wiederum die Hände der anderen Freunde und Verwandte ergreifen. Dadurch bildet sich dann eine Eieruhr-Form mit dem Brautpaar in der Mitte – also zwei Gruppen, die durch das Brautpaar miteinander verbunden sind.

Evtl. wird jeder Freund und jeder Verwandte, der neu zu der „Eieruhr" hinzukommt, mit freudigen Rufen begrüßt.

Bei solchen Ritual-Elementen ist es hilfreich, wenn man jedes von ihnen auf dieselbe Weise beendet – z.B. indem der Priester laut „Ho!" ruft und alle mit einem „Ho!" antworten. Solche Ritual-Elemente geben den Gästen Orientierung.

13. Freunde und Verwandte

Dieser Punkt ist dem vorigen wieder sehr ähnlich. Bei dem vorigen ging es mehr darum, daß die Braut und der Bräutigam ihre Freundschaften während der Ehe erhalten wollen – hier geht es mehr darum, eine neue, gemeinsame Gemeinschaft aus den Freunden und Verwandten der beiden zu bilden.

Wenn es jemanden gibt, der ein wenig Erfahrung mit afrikanischen Tänzen u.ä. hat, könnte sich das Brautpaar in die Mitte stellen und sagen, daß sie alle Gäste einladen, nun mit ihnen eine Gemeinschaft zu bilden.

Daraufhin fängt derjenige, der mit solchen Tänzen etwas Erfahrung hat, allmählich an, in Richtung Mitte zu tanzen.

Ein solcher Tanz könnte z.B. wie folgt aussehen:

- Alle stehen im Kreis und das Brautpaar in der Mitte.

- Der „Vortänzer" beginnt rhythmisch zu klatschen und die anderen fallen in das Klatschen ein. Auch das Brautpaar klatscht mit.

- Der Vortänzer stampft zweimal mit dem linken und dann zweimal mit dem rechten Fuß, dann wieder zweimal mit dem linken Fuß auf usw. (Das ist ein einfacher 4/4-Takt.) Dabei klatscht er weiter. Auch das Brautpaar tanzt mit. Dieses Stampfen ist der Grundschritt, der die ganze Zeit von allen beibehalten wird.

- Der Vortänzer bewegt die Hände so vor und zurück, als ob er etwas gegen die Mitte drücken oder zu dem Brautpaar hin senden wollte. Hier gibt es viele verschiedene passende Handgesten, die dann von den anderen nachgemacht werden: mit dem Finger auf einen anderen zeigen und ihn anlächeln, dem Tänzer links und dann dem Tänzer rechts von einem kurz die Schultern massieren, mit dem Finger auf jemanden weisen und ihn dann mit einer Fingerbewegung anlocken, die Handflächen zur Erde weisen und vor und zurück bewegen, die Hände zum Himmmel strecken usw. Das kann dann noch von dazu passenden Lauten udn Rufe begleitet werden.

Das funktioniert natürlich dann am besten, wenn dieser Tanz von jemandem angeleitet wird, der schon einige Erfahrung mit solchen Tänzen hat.

Bei dieser Art von Tanz gibt es in der Regel sehr viel Gelächter und er verbindet die beiden Hälften der Gäste, die sich ja oft gegenseitig meistens noch nicht kennen, zu einer Gemeinschaft.

- Allmählich geht der Vortänzer und daraufhin auch die Gäste beim Stampfen ein Stückchen Richtung Mitte.

- Nach und nach wird der Kreis der Gäste immer enger und löst sich schließlich in eine ungeordnete Gruppe mit dem Brautpaar in der Mitte auf, bis das Ganze schließlich in einer allgemeinen Umarmung und meistens auch viel Gelächter endet.

14. Die Herkunftsfamilien

Möglicherweise gibt es einen Wunsch, den die Baut oder der Bräutigam in Bezug auf ihre Herkunftsfamilien haben. Das Verhältnis zu den Eltern ist ja nicht immer ganz einfach, aber eine Familienaufstellung oder ähnliches paßt natürlich nicht in ein Hochzeits-Ritual.

Wenn die Herkunftsfamilien ein wesentliches Thema sein sollten, ist es sinnvoll, zum einen dieses Verhältnis vor dem Entwurf des Rituals möglichst klar zu formulieren und zum anderen zu schauen, was denn genau der Wunsch in Bezug auf die Herkunftsfamilien ist. In dem Ritual sollte man aber darauf achten, daß man dabei keine wunden Punkte berührt und latenten emotionalen Sprengstoff in der Sippe zum Explodieren bringt.

Man sollte sich daher in Bezug auf die Herkunftsfamilie auf eher allgemein formulierte Wünsche beschränken oder sie mit Hilfe von einem kurzen Satz in den Punkt „Freunde und Verwandte" integrieren.

15. Die Sippe

Dasselbe gilt auch für die beiden beteiligten Sippen. Meistens hat man ja besonders viele Gefühle in Bezug auf die Eltern und die Geschwister, aber manchmal sind auch die Großeltern sowie die Onkeln oder die Tanten von größerer Bedeutung.

Auch hier sollte man behutsam vorgehen und diesen Punkt nur sehr vorsichtig in das Ritual einfügen und ihn am besten ebenfalls in den Punkt „Freunde und Verwandte" einbauen.

16. Die „semipermeable Membran"

Eine „semipermeable Membran" ist etwas sehr Nützliches. Sie sind weit verbreitet – so ist z.B. eine Zellwand eine semipermeable Membran. Sie ist zum einen ein Schutz, weil nichts ungefragt durch diese Membran hindurch kann, aber zum anderen ist sie auch offen für alles, was der Zelle gut tut. Sie ist wie eine Stadtmauer, die Stadttore hat, an denen Wächter darauf achten, daß niemand in die Stadt gelangt, der den Bewohnern der Stadt Schaden zufügen könnte.

Möglicherweise hat das Brautpaar den Wunsch, daß ihre Ehe von einer solchen semipermeablen Membran umgeben wird. Das Brautpaar wäre dann das Innere eines solchen halbdurchlässigen Schutzkreises, der jedoch nach außen hin „für alles Gute" offen ist.

Die Frage ist nun, wen das Brautpaar bitten will, daß solch ein Schutzkreis entsteht und erhalten wird: das Element Erde, Mutter Erde, die Freunde und Verwandten oder wollen sie das selber tun? Davon hängt die Gestaltung dieses Ritual-Elements ab.

- Wenn es das Element Erde ist, das sie um Hilfe bitten wollen, kann das Brautpaar, während es in der Mitte des Kreises steht, einen kleinen Kreis aus Sand oder einem Sand/Salz-Gemisch um sich herum streuen.

- Wenn es Mutter Erde ist, die sie um Hilfe bitten wollen, kann das Brautpaar, während es in der Mitte des Kreises steht, ebenfalls einen kleinen Kreis aus Sand oder einem Sand/Salz-Gemisch um sich herum streuen. Dabei könnten sich alle Gäste hinknien und eine Handfläche auf die Erde legen und einen dunklen Ton, evtl. ein „U" singen und so Mutter Erde um Schutz und Hilfe für das Brautpaar bitten.

- Wenn es die Freunde und Verwandten sind, die sie um Hilfe bitten wollen, kann das Brautpaar, während es in der Mitte des Kreises steht, die Gäste bitten, näher zu ihnen zu heranzukommen und einen schützenden Kreis um sie zu bilden.

Es wäre sinnvoll, wenn die Gäste an dieser Stelle etwas tun, um ihre Kraft auszudrücken – z.B. rhythmisch stampfen und evtl. klatschen und einen Ton singen.

- Wenn sie es selber sind, die ihren Kreis schützen wollen, kann das Brautpaar, während es in der Mitte des Kreises steht, wieder einen Kreis aus Sand und Salz um sich ziehen.

Das ist von der Geste her dasselbe wie die erste dieser vier Varianten, aber die Haltung des Brautpaars ist anders: Sie vertrauen mehr auf ihre eigenen Kraft als auf die Hilfe des Elementes Erde. Diese beiden Ansätze lassen sich natürlich auch miteinander verbinden.

17. Kinder

Bei diesem Punkt gibt es viele Möglichkeiten, die davon abhängen, was dem Brautpaar an dem Thema „Kinder" gerade ein Anliegen ist.

- Falls es ganz elementar darum geht, endlich Kinder zu bekommen (was bisher nicht gelungen ist), ist es sinnvoll, daß der Mann und die Frau einen Gott und eine Göttin anrufen und sie um Zeugungskraft und Fruchtbarkeit oder einfach allgemein um Kinder bitten.

Dafür können sie sich an Sonne und Erde, an Mars und Mond, an Pan und Isis oder an sonst ein passendes Gottheiten-Paar wenden und kurz mit einer passenden Geste ihre Bitte aussprechen.

Solche Gesten hängen von den angerufenen Gottheiten ab – bei der Erde liegt es nahe, sich hinzuknien und die Handflächen auf die Erde zu legen; bei der Sonne liegt es nahe, die Arme nach oben und etwas seitlich auszustrecken und die Handflächen zur Sonne zur wenden. Diese Gesten sollten sich für das Paar natürlich an fühlen – bei einer solchen Bitte eine Geste zu machen, die dem Betreffenden peinlich ist, ist eher hinderlich für die Wunscherfüllung.

Bei diesem Thema kann auch die Vereinigung symbolisch dargestellt werden, indem die Braut einen Kelch ergreift und der Mann einen Stab und der Mann seinen Stab in den Kelch der Frau hält und sie ihm mit ihrem Kelch entgegenkommt.

Hier können die Gäste nach der Bitte der Frau, nach der Bitte des Mannes und nach der Vereinigungs-Geste jedesmal zur Bekräftigung laut „Ho!" rufen.

- Falls es einfach nur darum geht, Kinder in die eigene Familie einzuladen, könnte sich das Brautpaar an den Mond wenden und ihn um Kinder und um eine glückliche „Familie mit Kindern" bitten. Dabei wäre eine Geste, die das Halten eines Säuglings oder das Begrüßen eines Kindes mit offenen Armen darstellt, passend.

Auch hier sollten – wie überall in dem Hochzeits-Ritual – die Worte und Gesten dem Brautpaar „das Herz erwärmen" und keinesfalls peinlich sein. Auf diesen Punkt sollte man als Priester/Berater stets achten.

- Falls es um den Schutz der „Familie mit Kindern" geht, könnte man wieder einen Kreis aus Sand und Salz streuen.

Das waren jetzt nur drei Beispiele dafür, warum die eigenen Kinder in dem Hochzeits-Ritual ein Thema sein könnten. Wenn noch andere Varianten dieses Themas auftreten, kann man sich andere Möglichkeiten überlegen, wie man die betreffende Bitte formuliert und ausdrücken kann oder wen man um was bitten könnte.

18.   Weltanschauung und Religion

Das ist ein eher komplexes Thema, zu dem hier daher nur ganz allgemein etwas gesagt werden kann.

- Geht es darum, daß der Braut oder dem Bräutigam der Segen einer bestimmten Gottheit aus der eigenen Religion wichtig ist? Dann sollte die Braut oder der Bräutigam in dem Hochzeits-Ritual diese Gottheit anrufen. Dabei sollte dann, wenn es einfache Ritual-Elemente aus dem Kult dieser Gottheit gibt, diese Elemente auch in das Hochzeits-Ritual eingebaut werden, um diesen Segen zu erden.

Solche Elemente können Räucherungen für indische oder ägyptische Götter sein, eine Salbei-Räucherung für indianische Gottheiten, Opfergaben für germanische Gottheiten, Weihwasser und Weihrauch für Christus usw.

- Idealerweise würden sowohl die Braut als auch der Bräutigam eine Gottheit anrufen, damit das im Gleichgewicht ist.

- Evtl. hilft ihnen auch der Priester bei dieser Anrufung.

- Man könnte auch Statuen der betreffenden Gottheiten mit in das Ritual einbeziehen, aber das hätte die Wirkung, daß diese Statuen und der Platz, auf dem sie stehen, also der Altar, sehr wahrscheinlich zu dem Zentrum des Rituals werden. Hier muß das Brautpaar schauen, ob es das will.

Der größte Teil der Koordination der beiden Weltanschauungen bzw. Religionen und der Kooperation zwischen ihnen sollte schon vor dem Hochzeits-Ritual geschehen sein – in dem Ritual wird dann nur noch die Gemeinschaft der beiden betreffenden Weltanschauungen bzw. Religionen dargestellt und im Fall der beiden Religionen die beiden Gottheiten um einen Segen für die Ehe gebeten.

Falls es sich um zwei verschiedene Weltanschauungen (und nicht um zwei verschiedene Religionen) handelt, hängt es sehr von diesen Weltanschauungen ab, ob und wenn ja, wie dieser Gegensatz in das Hochzeits-Ritual integriert werden soll. Gehört dieses Thema wirklich dorthin? Sind die beiden Weltanschauungen vielleicht Ergänzungs-Gegensätze wie Yin und Yang? Das muß individuell entschieden werden.

Wenn sich diese beiden Weltanschauungen nicht in irgendeiner kreativen Weise miteinander kombinieren ließen, würde das Paar vermutlich nicht heiraten wollen …

19. Hobbys

Ein Hobby nur der Braut oder nur des Bräutigams würde wohl kaum zu einem Thema in dem Hochzeits-Ritual werden. Ein gemeinsames Hobby, das beiden sehr wichtig ist, könnte hingegen in dem Ritual auftauchen, wenn es auch ein wesentliches Element der gemeinsamen Zukunft der beiden werden soll.

Vermutlich wird das Hobby zu einem eher humorvollen Element in dem Ritual werden. Wenn beide begeisterte Bergsteiger sind, könnten alle Gäste mit Bergstiefeln kommen oder ein Seil um die Schulter hängen haben. Wenn beide Angler sind, könnten die Gäste mit Angeln kommen usw.

Sehr wahrscheinlich wird dieses Element jedoch eher in das Fest als in das Hochzeits-Ritual selber gehören.

20. Segen

Ein Segen besteht aus zwei Teilen: Der Segnende stellt den Kontakt zu einer Gottheit her und bittet sie dann darum, entweder einem Menschen oder einer Sache Lebenskraft zu senden oder die Umstände bezüglich eines Menschen oder einer Sache auf förderliche Weise zu lenken.

Es ist naheliegend, in jede Hochzeits-Zeremonie auch einen solchen Segen einzubauen, um sozusagen „Unterstützung von einer höheren Instanz" zu erhalten. Wahrscheinlich wird es in den meisten Ritualentwürfen schon ein Element geben, in dem eine Gottheit um Hilfe angerufen wird. Falls dies einmal nicht der Fall ist, sollte man sich überlegen, ob man nicht solch einen Teil auf passende Weise einfügen will und kann.

Man kann diesen Teil auch kreativ gestalten:

- Die Anrufung der Gottheit wird – wenn es keine besonderen Umstände gibt – entweder der Priester oder das Brautpaar durchführen.

- Wenn der angerufenen Gottheit in ihren Mythen ein bestimmtes Instrument zugeordnet ist, kann die Braut, der Bräutigam oder einer der Gäste während der Anrufung das betreffende Instrument spielen: die Harfe des Dagda, die Leier des Apollo, das Sistrum der Isis, die Trommeln der Erde, die Flöte des Pan, die Vina der Sarasvati usw.

- Möglicherweise gibt es auch ein bestimmtes Räucherwerk, eine Blumenart oder ähnliches, die in den Mythen zu den angerufenen Gottheiten gehören. Dann ist es naheliegend, dies auch bei der Anrufung zu verwenden.

Bei der Anrufung sollte zum einen der Kontakt zu der Gottheit hergestellt werden und zum anderen auch eine Bitte ausgesprochen werden – wie allgemein oder wie konkret diese Bitte formuliert wird, hängt davon ab, was das Brautpaar erreichen will.

21. Das Schließen des Rituals

Das Schließen des Rituals ist einfach: Der Priester bedankt sich bei den Gottheiten, bei Mutter Erde, Vater Sonne, den Elementen usw., die in dem Ritual angerufen worden sind, für ihre Hilfe.

Dann wird wieder ein Hände-Kreis gebildet, d.h. jeder ergreift die Hände seiner beiden Nachbarn und es wird noch einmal gemeinsam ein lautes „Ho!" gerufen.

22. Das Fest

An die Hochzeits-Zeremonie schließt sich in aller Regel ein Fest an, das viele Spiele und ähnliches wie z.B. eine humorvolle Darstellung des Lebens der Braut und des Bräutigams enthalten kann.

Doch das ist nicht Thema dieses Buches und wird auch weitgehend von den Traditionen in den beiden Familien abhängen.

23. Die Trauzeugen

Möglicherweise können auch die beiden Trauzeugen in dem Ritual die eine oder andere Aufgabe übernehmen – das hängt jedoch ganz von den Ritual-Erfahrungen, Fähigkeiten und Kenntissen der Trauzeugen ab.

VIII Was nicht funktioniert

Man kann ein Hochzeits-Ritual zwar kreativ gestalten, aber solch ein Ritual ist kein Allheilmittel. Zudem gibt es einige Dinge, die man zwar in einer bestimmten Absicht entscheiden und durchführen kann, die jedoch nicht funktionieren.

Das Folgende sind alles Beispiele, die ich selber miterlebt habe.

- Wenn man das Ritual in einer Kirche durchführt, wird das Ritual christlich sein und als christlich wahrgenommen werden. Es wird also eine christliche Heirat werden und folglich wird auch die christliche Sicht auf die Ehe mit in diese Heirat eingeflochten. Die übrigen Elemente werden hingegen kaum auffallen und daher nicht zur Wirkung kommen.

- Dasselbe gilt auch, wenn das Ritual von dem Priester einer traditionellen Religion durchgeführt wird, da der Priester derjenige ist, der das Ritual leitet und schon durch seine Stellung prägt.

Ich habe sogar schon miterlebt, daß ein katholischer Priester nicht die mit dem Brautpaar besprochene und verabredete Ehe-Formel, sondern eben die traditionelle, katholische Formulierung benutzt hat – wogegen das Brautpaar dann vor dem Altar nicht protestiert hat, sondern sein „Ja, ich will!" gesprochen hat.

Ob das nun ein Versehen des Priesters gewesen ist oder ob er nur „alles richtig machen" wollte, auch wenn das Brautpaar die Richtigkeit der katholischen Ehe-Formel noch nicht eingesehen hat, läßt sich nicht mit Sicherheit sagen.

- Wenn ein feststehendes Ritual lediglich in dem Ausmaß, das dem kooperationsbereiten Priester einer etablierten Religion möglich ist, abgewandelt wird, prägt letztlich auch hier die betreffende Religion das Ritual. Auf diese Weise entsteht keine Kooperation zwischen der Braut und dem Bräutigam, sondern derjenige der beiden, der die betreffende Relion gewählt hat, hat sich durchgesetzt und bestimmt fortan (und wahrscheinlich auch schon zuvor) die Regeln, nach der diese Ehe abläuft.

- Ein Ritual mit religiösem Hintergrund hat auch immer eine magische Wirkung. Wenn z.B. ein Ritual durchgeführt wird, um eine Beziehung zu weihen und in diesem Zusammenhang die Wicca-Symbolik verwendet wird, bei der der Mann einen Stab hält und ihn in den Kelch, der von der Frau gehalten wird, senkt, ist die Wahrscheinlichkeit sehr hoch, daß die Frau trotz Verhütung schwanger werden wird. (Ich kenne ein solches „Ritual-Kind".)

Rituale haben eine magische Wirkung – egal, ob man das beabsichtigt oder nicht. Dies liegt daran, daß Rituale äußerlich dargestellte Imaginationen, also Konzentrations-Bilder sind. Diese dargestellten Bilder, also die Gesten, Worte und sonstigen Elemente des Rituals, prägen und lenken die Lebenskraft, die wiederum die Ereignisse lenkt.

Es wird daher nicht weit führen, wenn einer der beiden Heiratswilligen im Stillen hofft, daß das Ritual schon keine so große Wirkung haben wird und deshalb „um des lieben Friedens willen" mitmacht, was der andere will.

- Dasselbe gilt auch, wenn der eine der beiden mehr oder weniger gezwungenermaßen heiratet. Der Grund dafür kann Angst vorm Alleinsein sein oder eine ungewollte Schwangerschaft oder die Entscheidung „Entweder Du heiratest mich jetzt oder wir trennen uns!" Auch das trägt keine guten Früchte.

- Ein anderer Irrtum ist es, sich dem anderen, der zu einer anderen Kultur oder Religion gehört, anzupassen und dann auf die allgemeine Völkerverständigung zu hoffen. In einem solchen Fall wird derjenige der beiden, der sich anpaßt, in der Beziehung untergehen und der andere wird die Beziehung mit seiner Weltsicht prägen.

Die Annäherung und Integration zweier Kulturen oder Religionen geschieht nicht durch Anpassung des einen an den anderen, sondern durch das Gespräch, durch Kennenlernen, Auseinandersetzung, Klärung, Motivations-Ergründung und durch die schrittweise Suche nach tragfähigen Kompromissen und nach einer funktionierenden und bereichernden Kooperation.

Naturgemäß ist das bei den drei monotheistischen Religionen Judentum, Christentum und Islam am schwierigsten, weil sie alle drei behaupten, die einzige Wahrheit zu repräsentieren.

- Ein ähnliches Problem entsteht, wenn sich z.B. die Frau zunächst an den Mann anpaßt und auf die Heilung und die positive Veränderung des Mannes hofft. Den Mann zu heiraten, der vor einem steht, aber im Grunde den Mann heiraten zu wollen, den man aus ihm machen will, ist ein Problem, das eher bei Frauen als bei Männern vorkommt.

Die Chance, daß eine solche Ehe unglücklich wird, ist ziemlich groß, denn zunächst einmal ist der Mann so, wie er ist. Inwieweit er anders werden kann und vor allem auch anders werden will sowie die Möglichkeiten der Frau, diese Veränderungen auch zu bewirken, ist zunächst einmal unbekannt.

Man sollte den Menschen heiraten, wie er ist und nicht das Ideal oder das vielleicht sogar tatsächlich vorhandene Potential in dem anderen.

- Schließlich gibt es noch den Fall, daß die Hochzeit bereits offensichtlich schon vorhandene Probleme lösen soll. Auch das funktioniert in der Regel nicht, da eine Hochzeit vor allem ein fester Rahmen, eine Grenze und ein verbindliches Fundament ist – astrologisch gesehen also Saturn.

Eine Heilung und Weiterentwicklung braucht jedoch Spielraum und Freiheit, damit eine Weiterentwicklung stattfinden kann – und jede Heilung ist eine kreative Weiterentwicklung und nicht eine Festlegung. Das ist astrologisch gesehen die Sonne.

Das ist jetzt kein Gegenargument gegen eine Heirat, sondern nur der Hinweis darauf, daß Probleme eher größer werden als daß sie geheilt werden, wenn man – möglicherweise nur von einer Seite her gewollt – heiratet.

Die hier genannten Punkte sollte man als Priester/Berater bei der Besprechung der Heirats-Motivation des angehenden Brautpaares mitbedenken. Natürlich kann man keine Ehe-Beratung durchführen und alle Probleme lösen, aber man kann zumindestens auf möglicherweise vorhandene Probleme hinweisen und zusammen schauen, was angesichts dieser potentiellen Schwierigkeiten getan werden könnte.

Das ist jetzt natürlich in erster Linie der Ansatz eines Berater-Priesters und nicht der Ansatz eines Priesters, der einer bestimmten Religion angehört, da dieser in der Regel bereits ein festes Konzept hat, wie Ehen sein sollten und wie sie funktionieren können. Daher werden die Priester einer etablierten Religion dazu neigen, das Brautpaar in die Richtung dieser Religion zu drängen – schließlich sind diese Priester dieser Religion beigetreten, weil sie deren Prinzipien für richtig halten.

IX   Die Durchführung des Rituals

Man sollte nicht zu viele Elemente zu einem Ritual zusammenfügen, denn sonst wird es zu lang und daher unübersichtlich und ermüdend. Drei bis maximal fünf Elemente plus Anfang und Ende sollten im Allgemeinen ausreichen. In vielen Fällen kann man auch mehrere Wünsche zu einem Ritual-Element zusammenfügen.

Bei dem Aufbau des Rituals sollte man auch darauf achten, welche Elemente man in dem Ritual verwendet. So haben z.B. Worte etwas Trockenes, Strukturiertes, Kopfiges, Tänze ergreifen den Körper, Gesten berühren das Gemüt, Gesang verursacht ein Schwingen usw.
Diese verschiedenen Elemente sollten ungefähr im Gleichgewicht sein und ein organisches Ganzes bilden.
Auch die Reihenfolge dieser Elemente ist wichtig. So ist z.B. die Folge „Tanz – Lied – Geste – Worte" etwas, das die Intensität und die Lebendigkeit schrittweise mindert, während die Folge „Worte – Geste – Lied – Tanz" die Intensität und die Lebendigkeit schrittweise steigert.
Das bedeutet jedoch nicht, daß diese Elemente nur in dieser Reihenfolge auftreten dürfen, doch es ist sinnvoll zu schauen, wie sie in dem Ritual aufeinander folgen und ob diese Folge schlüssig ist. Worte schaffen Klarheit, Anrufungen schaffen Intensität, Gesten erschaffen Bilder, Lieder erzeugen ein Schwingen, Tanz schafft Bewegung und Lockerheit usw. Alle diese Elemente können in verschiedener Weise aufeinander folgen, wenn ihre Qualität gerade das ist, was an der Stelle des Rituals gebraucht wird.
Um diese Elemente in eine sinnvolle Reihenfolge bringen zu können, ist ein wenig Erfahrung mit verschiedenen Ritualen hilfreich. Andererseits haben die meisten Menschen auch ohne Vorkenntnisse ein Gespür dafür, ob sich etwas schlüssig anfühlt oder nicht.
Schließlich hängt es noch von dem Charakter des Brautpaares ab, ob das Ritual hauptsächlich Worte, Gesten, Gesänge, Tänze oder sonst ein Element enthält. Dieses dominante Element sollte dem Charakter des Brautpaares entsprechen. Allerdings sollte ein Ritual auch nicht zu einseitig werden, da es dann in vielen Fällen an Kraft verliert.

Es ist außerdem auch noch wichtig, daß die Elemente in dem Ritual auch inhaltlich eine schlüssige Folge bilden. Dabei gibt es verschiedene Möglichkeiten:

> - nacheinander Ritual-Elemente, die den vier Elementen Feuer, Wasser, Luft und Erde entsprechen;

- die Folge „Ehe – Familie – Freunde";

- die Folge „Willenserklärung – Segen einer Gottheit – Segen einer zweiten Gottheit";

- die Folge „Willenserklärung – Rückhalt – Aufbruch zu Neuem";

- usw.

Derartige in sich schlüssige Folgen kann man so gut wie immer finden, wenn man sich die Wünsche und auch die dazugehörigen ausgewählten Ritual-Elemente genauer anschaut.

Ein Ritual sollte wie ein Schauspiel einen guten Spannungsbogen haben – sonst wirkt es knöchern und unlebendig …

Zu dem guten Spannungsbogen gehört auch die Übersichtlichkeit, die leichte Verständlichkeit der einzelnen Elemente des Rituals, das Gleichgewicht zwischen Differenzierung und Schlichtheit, die Kombination von Poesie und Präzision in den Worten, und noch ähnliches mehr. Das Verfassen eines Rituals ist eine Form der Kunst – ähnlich wie das Schreiben eines Gedichtes oder eines Liedes.

Ein gutes Ritual enthält sowohl Verschiedenes als auch Wiederholungen.

Die Verschiedenartigkeit bezieht sich auf die Haupt-Elemente, also z.B. die Willenserklärung, den gemeinschaftlichen Tanz und die Anrufung von zwei Gottheiten.

Die Wiederholung bezieht sich hingegen auf ordnende Elemente. So können z.B. alle, die im Kreis stehen, sich nach jedem Teil des Rituals die Hände reichen und laut rufen oder jubeln. Ein anderes mögliches Element kann sein, daß das Brautpaar zu Beginn jedes Ritual-Teiles sagt, was der Wunsch ist, den es durch diesen Ritual-Teil ausdrücken will und evtl. einen Segen für die Erfüllung dieses Wunsches erbitten will.

Generell sind solche Ritual-Beispiele wie hier in diesem Buch ein wenig „trocken". Wenn ein konkretes Brautpaar zusammen mit einem Priester/Berater solch ein Ritual plant, sind sofort die Wünsche des Brautpaares im Raum, ihr Humor oder ihre Ernsthaftigkeit, ihre Sehnsucht nach Kindern, ihre Abenteuerlust usw., die dann die Stimmung im Raum prägen und das Entwerfen eines Rituals lenken und lebendig machen.

Durch die Eigenheiten des Brautpaars kommt es auch ziemlich schnell zu markanten Merkmalen des Rituals, die eben genau zu diesem einen Brautpaar passen. Das ist ein wesentlicher Teil des kreativen Rituals: Das Ritual erhält die „Farbe" und den „Klang" des Brautpaares.

Wie solche kreativen Hochzeits-Rituale aussehen können, läßt sich am einfachsten durch ein paar Beispiele darstellen.

Die einzelnen Ritual-Elemente, aus denen die folgenden Zeremonien bestehen, sind im Kapitel VII beschrieben worden.

1.   Die feste Bindung

Diese Variante kommt der „klassischen", lebenslangen Beziehung am nächsten. Braut und Bräutigam brauchen beide Sicherheit und Beständigkeit und sind gewillt, sich dies gegenseitig zu geben.

1. Weihung des Ortes

2. Eröffnung des Rituals
3. Willenserklärung; sich gegenseitig die Eheringe anstecken
4. Anrufung des Saturns
5. Einladung von Kindern
6. Bitte um Unterstützung durch die Trauzeugen und durch die Gäste
7. Abschluß des Rituals

2.   Der allgemeine Beziehungs-Segen ohne Willenserklärung

Diese Form der Heirat – sofern man sie so nennen möchte – ist von ihrer weiteren Entwicklung her völlig offen. Stattdessen wird für den Augenblick ein Segen herbeigerufen. Hier ist das Ritual nicht langfristig ausgerichtet, sondern kurz- bis mittelfristig. Was später noch kommen mag, wird hier noch gar nicht berücksichtigt.

Das, was im Augenblick am entstehen ist, soll gefördert werden und dadurch gedeihen – wohin sich das dann langfristig weiterentwickeln wird, wird offengelassen. Man kümmert sich in diesem Ritual um das, was in „diesem Jahr" wachsen will – um das, was im „nächsten Jahr" wachsen will, kümmert man sich im nächsten Jahr. Dies ist kein prinzipielles Planen, sondern ein schrittweises Vorgehen.

1. Weihung des Ortes

2. Eröffnung des Rituals
3. Darstellung des Wunsches durch das Brautpaar in einigen Worten
4. Anrufung des Pan und der Isis
5. Gemeinschaft mit den Gästen (Tanz zur Mitte)
6. Abschluß des Rituals

3. Die Entwicklungs-Gemeinschaft

Diese Form der Beziehung stellt die Selbstentfaltung an die erste Stelle, wozu wahrscheinlich auch die Selbstheilung und das Erforschen der eigenen Möglichkeiten sowie das Ausleben des eigenen Potentials gehören werden. Man könnte diese Ehe auch als eine kleine Selbsthilfegruppe ansehen – aber die (hoffentlich) zwischen Braut und Bräutigam vorhandene Liebe stellt diese Gemeischaft doch auf eine höhere Ebene als eine Selbsthilfegruppe.

Bei dieser Beziehungs-Form macht es einen großen Unterschied, ob es viele Probleme gibt, die die beiden noch gemeinsam angehen wollen, oder ob sie sich als weitgehend geheilt betrachten, aber ihr Potential voll ausschöpfen wollen und sich dabei gegenseitig anregen und unterstützen wollen. Diese beiden Möglichkeiten werden sich dann auch in dem Ritualaufbau widerspiegeln.

1. Weihung des Ortes

2. Eröffnung des Rituals
3. Willenserklärung
4. Freiheit und Bindung
5. Gemeinsam die Welt entdecken
6. Anrufung der eigenen Seelen durch das Brautpaar oder Anrufung der Sonne
7. Abschluß des Rituals

4. Die offene Beziehung

Dies ist eine Beziehung, in der vor allem das luftige Element (Vielfalt) und das feurige Element (Tatkraft, Sexualität) miteinander verbunden werden. Die Tatsache, daß die beiden trotz des ausdrücklichen Wunsches nach „freier Liebe" heiraten wollen, zeigt, daß sie neben ihrer sexuellen Freiheit aber auch eine emotionale und materielle Sicherheit brauchen. Die Bindung zueinander steht also im Zentrum und drumherum gibt es noch weitere erotische Abenteuer.

1. Weihung des Ortes

2. Eröffnung des Rituals
3. Willenserklärung
4. Der sichere Hafen und die Seefahrt in fremde Länder

5. Das gemeinsame Abenteuer
6. Freundschaften
7. Abschluß des Rituals

5.   Die Kinder-orientierte Beziehung

In dieser Form der Beziehung geht es – etwas technisch gesagt – um „Nestbau und Brutpflege". Astrologisch gesehen sind dies der Stier und der Krebs bzw. das 2. Haus und das 4. Haus im Horoskop. Dieses Ritual wird daher einen schützenden und innigen „Innenraum-Charakter" haben.

1. Weihung des Ortes

2. Eröffnung des Rituals
3. Willenserklärung
4. Die „semipermeable Membran"
5. Kinder
6. Freunde und Verwandte
7. Anrufung des Mondes oder einer Muttergottheit
8. Abschluß des Rituals

6.   Die Abenteurer-Beziehung

Diese Beziehung entspricht dem Feuer-Element – die beiden wollen etwas erleben und das geht ihrer Erfahrung nach gemeinsam noch besser als alleine.

1. Weihung des Ortes

2. Eröffnung des Rituals
3. *Quintessenz*: Willenserklärung
4. *Luft*: Gemeinsam die Welt entdecken; Anrufung einer „Abenteuer-Gottheit" (Loki, Hermes o.ä.)
5. *Feuer*: das gemeinsame Abenteuer
6. *Wasser*: das Genießen des Neuen (im Ritual z.B. als Geste des Öffnens eines Vorhanges oder als empfangende Geste mit den Händen)
7. *Erde*: Sicherheitbei dem Partner
8. Abschluß des Rituals

7. Die spirituelle Beziehung

Diese Form der Beziehung ist speziell, da in ihr die Religiösität, die Spiritualität und evtl. auch die Magie ein zentrales Element sind, das das gesamte Leben dieses Paares prägt. Dieses Element kann entweder an eine bestimmte Religion gebunden sein – dann wird man jedoch kaum eine indivuelle und kreative Hochzeits-Zeremonie sondern eben das betreffenden religiöse Ritual wollen – oder es kann freigeistig sein – was dann der typische Fall für eine solche individuelle und kreative Lösung wäre.

1. Weihung des Ortes

2. Eröffnung des Rituals
3. Willenserklärung
4. Anrufung der eigenen Seele oder der eigenen Schutzgottheit durch Braut und Bräutigam
5. Einladung an die Gleichgesinnten, an dieser spirituellen Entwicklung teilzunehmen
6. Abschluß des Rituals

8. Die Liebes-Beziehung

Natürlich sollte jede Beziehung auch von Liebe getragen sein, aber in manchen Beziehungen ist die Liebe das zentrale Element und in anderen steht sie eher am Rande.

1. Weihung des Ortes

2. Eröffnung des Rituals
3. Willenserklärung
4. Das Gleichgewicht zwischen Nähe und Distanz
5. Freunde und Verwandte
6. Anrufung der Venus
7. Abschluß des Rituals

X   Das konkrete Ritual

Sehr wahrscheinlich wird kein einziges kreatives Hochzeits-Ritual so aussehen wie eins der im vorigen Kapitel vorgeschlagenen Rituale und es wird vermutlich auch kein einzelnes Ritual-Element genau so verwendet werden wie dies in Kapitel VII vorgeschlagen worden ist. Und das ist auch gut so – schließlich geht es hier um Individualität und Kreativität.

Jedes Brautpaar ist einzigartig und jede Heiratsabsicht ist – wenn das Brautpaar einmal genau und aufrichtig hingeschaut hat – anders als die Heiratsabsichten aller anderen Paare. Dazu kommt noch der individuelle Charakter sowohl der Braut als auch des Bräutigams (die u.a. in ihren Horoskopen deutlich wird).

Ein weiteres Element, daß jedes Hochzeits-Ritual mitprägt, sind die Kenntnisse, Fähigkeiten und Vorlieben des Priester/Beraters. Zwar sollte das Ritual vollständig die Absichten des Brautpaars widerspiegeln, aber der „Spiegel", in dem sich diese Absichten des Brautpaars abbilden, sind eben die Kenntnisse und Fähigkeiten, d.h. die Möglichkeiten des Priester/Beraters.
Diese Möglichkeiten können natürlich durch die Kenntnisse und Fähigkeiten des Brautpaares ergänzt werden.
Unter Umständen werden die Braut, der Bräutigam und der Priester/Berater noch den einen oder anderen Freund oder Verwandten hinzuziehen, der eine bestimmte Fähigkeit hat und der z.B. einen tailändischen Hochzeits-Tanz anleiten oder einen haitianischen Fruchtbarkeitszauber durchführen kann.

Wenn es bei der Planung des Hochzeits-Rituals zu einer größeren Vielfalt von Elementen kommen sollte, ist es wichtig, sie zu einem organischen Ganzen zusammenzufügen, das für jeden erkennbar ist.

- Wenn die Elemente aus verschiedenen Kulturen stammen, ist vielleicht die Neugier des Brautpaars auf fremde Kulturen und der Wunsch nach einen ganz praktischen interreligiösen Austausch das Element, das allen Ritual-Elementen den schlüssigen gemeinsamen Rahmen geben kann.

- Möglicherweise gibt es in dem geplanten Ritual auch zusätzlich zu der Willenserklärung vier Ritual-Elemente, die sich klar den vier Elementen Feuer, Wasser, Luft und Erde zuordnen lassen – die Willenserklärung gehört zu der Quintessenz im Zentrum. In diesem Fall würde die Zugehörigkeit zu den vier Elementen die möglicherweise vorhandene kulturelle Verschiedenartigkeit der Ritual-Elemente zu einem Ganzen zusammenfassen.

Ein weiteres wichtiges Element ist – wie bereits gesagt – der Spannungsbogen in dem Ritual. Ein gutes Ritual ist wie ein gutes Drama: übersichtlich, schlüssig, spannend und etl. auch noch geheimnisvoll und überraschend.

Es ist natürlich erfreulich und auch förderlich, wenn das Ritual von jemandem entworfen wird, der diese Qualität in das Ritual bringen kann, aber im Zweifelsfalle ist ein etwas holperig angelegtes kreatives Ritual, das die individuellen Absichten des Brautpaares zutreffend ausdrückt, einem vorgegebenen, nicht-individuellen und nicht-kreativen Ritual in einer etablierten Religion mit fest vorgegebenen Formen, die nicht wirklich dem Willen des Brautpaares entsprechen, auf jeden Fall vorzuziehen.

Falls weiterer Bedarf an Informationen über den generellen Aufbau von Ritualen besteht, können dazu ein Überblick und weitere Anregungen in meinem Buch „Ritual-Magie für Anfänger" nachgelesen werden.

- - -

Generell kann man sagen, daß das Entwerfen solcher Rituale mit ein bißchen Vorkenntnissen nicht so schwierig ist, wie es auf den ersten Blick aussehen mag. Und es ist sehr lohnend – nicht nur, weil das Brautpaar dann wirklich das sagt und herbeiruft, was es wirklich will, sondern auch deshalb, weil ein solches kreatives Ritual allen Beteiligten Freude macht.

Und der Bedarf an solchen Ritualen ist groß: Ich habe nach dem ersten von mir entworfenen und geleiteten Hochzeits-Ritual gleich von mehreren Gästen gehört, daß sie eigentlich nie heiraten wollten, aber daß sie in solch einer kreativen Form durchaus gerne heiraten würden.

In anderen Fällen hat sich bei der Besprechung des Rituals herausgestellt, daß das Brautpaar doch eine traditionelle Hochzeit in der Kirche vorzieht – vor allem den Freunden und Verwandten zuliebe … Das ist zwar nicht die denkbar beste Motivation für die Entscheidung über die Art der Gestaltung des Hochzeits-Rituals, aber man sollte als Priester/Berater auch akzeptieren, wenn das Brautpaar es so einschätzt, daß ihre Sippe von einem kreativen Ritual vollkommen überfordert wäre. Möglicherweise ist die kirchliche Hochzeit ja nicht so weit von dem entfernt, was sich das Brautpaar wünscht …

Wie fast überall im Leben ist ein wenig Beweglichkeit, aber genauso auch Mut sowie Fingerspitzengefühl ausgesprochen förderlich – und natürlich ebenso eine ausreichende Sachkenntnis.

Alles Gute!

Bücher von Harry Eilenstein

- The Synthesis of Physics and Magic (192 p.)
- Telepathy for Beginners (60 p.)
- Telepathy for Advanced Learners (52 p.)
- Telekinesis for Beginners (56 p.)
- Life Force for Beginners (76 p.)
- Kundalini for Beginners (104 p.)
- Astral Projection for Beginners (60 p.)
- Meditation for Beginners (60 p.)
- Prophecy for Beginners (60 p.)
- Ritual Magic for Beginners (64 p.)
- Magic Chant for Beginners (108 p.)
- Invocations for Beginners (52 p.)
- Evocations for Beginners (62 p.)
- Auto-Movement for Beginners (60 p.)
- Elves for Beginners (56 p.)
- Hypnosis for Beginners (56 p.)
- Love Magic for Beginners (52 p.)

- Money Magic for Beginners (60 p.)
- Magic Objects for Beginners (64 p.)
- Shamanism for Beginners (52 p.)
- Chakra-Magic for Beginners (148 p.)
- Language of the Moon – for Beginners (128 p.)
- Self Knowledge for Beginners (60 p.)
- Da'ath-Magic for Beginners (64 p.)
- Astrology for Beginners (112 p.)
- Number Symbolism for Beginners (64 p.)
- Mandalas for Beginners (76 p.)
- Crop Circles for Beginners (344 p.)
- Feng Shui for Beginners (96 p.)
- Magic Research for Beginners (140 p.)

- Magic for Beginners – Anthology I (636 p.)
- Magic for Beginners – Anthology II (616 p.)
- Magic for Beginners – Anthology III (684 p.)
- Magic for Beginners – Anthology IV (580 p.)

Religion allgemein
- Die sieben Schritte des Lebens (428 S.)
- Muttergöttin und Schamanen (168 S.)
- Totempfähle (440 S.)
- Der Urriese (168 S.)

Jungsteinzeit
- Göbekli Tepe (472 S.)
- Die Göttin von Göbekli Tepe (144 S.)
- Die Rituale von Göbekli Tepe (112 S.)

Ägypten
- Hathor und Re 1: Götter und Mythen im Alten Ägypten (432 S.)
- Hathor und Re 2: Die altägyptische Religion – Ursprünge, Kult und Magie (396 S.)
- Isis (508 S.)
- Ma'at (200 S.)

Christentum
- Christus (60 S.)
- Die Biographie des Teufels (144 S.)

Indogermanen
- Die Entwicklung der indogermanischen Religionen (700 S.)
- Wurzeln und Zweige der indogermanischen Religion (224 S.)

Griechen
- Pan (336 S.)
- Poseidon (668 S.)

Inder
- Dakini (80 S.)
- Vajra (76 S.)

Germanen
- Die Götter der Germanen (87 Bände – siehe nächste Seite)
- Odin (300 S.)

Kelten
- Cernunnos (690 S.)
- Taliesin (228 S.)
- Der Kessel von Gundestrup (220 S.)
- Der Chiemsee-Kessel (76)

Psychologie
- Über die Freude (100 S.)
- Das Geheimnis des inneren Friedens (252 S.)
- Das Beziehungsmandala (52 S.)
- Gefühle und ihre Verwandlungen (404 S.)
- einsgerichtet (140 S.)
- Liebe und Eigenständigkeit (216 S.)
- Von innerer Fülle zu äußerem Gedeihen (52 S.)
- Kreative Hochzeits-Rituale (56 S.)

Heilung
- Die Symbolik der Krankheiten (76 S.)

Kunst
- Herz des Tanzes – Tanz des Herzens (160 S.)
- Die Wurzeln der Kunst (60 S.)
- Wege zur Musik-Improvisation (32 S.)

Drama
- König Athelstan (104 S.)

„Magie für Anfänger"

- Telepathie für Anfänger (60 S.)
- Telepathie für Fortgeschrittene (52 S.)
- Telekinese für Anfänger (52 S.)
- Analogien für Anfänger (56 S.)
- Omen und Orakel für Anfänger (52 S.)
- Lebenskraft für Anfänger (60 S.)
- Meditation für Anfänger (56 S.)
- Kundalini für Anfänger (100 S.)
- Hypnose für Anfänger (56 S.)
- Kampfmagie für Anfänger (172 S.)
- Auto-Movement für Anfänger (56 S.)
- Chakra-Magie für Anfänger (148 S.)
- Astralreisen für Anfänger (56 S.)
- Astrologie für Anfänger (120 S.)
- Astrologische Quadrate für Fortgeschrittene (72 S.)
- Silberschnüre für Anfänger (52 S.)
- Zaubersprüche für Anfänger (60 S.)
- Ritual-Magie für Anfänger (56 S.)
- Mandalas für Anfänger (68 S.)
- Geldzauber für Anfänger (56 S.)
- Liebeszauber für Anfänger (52 S.)
- Invokationen für Anfänger (52 S.)
- Evokationen für Anfänger (60 S.)
- Geister für Anfänger (52 S.)
- Elfen für Anfänger (56 S.)
- Magie-Forschung für Anfänger (140 S.)
- Magie-Romantik für Anfänger (60 S.)
- Selbsterkenntnis für Anfänger (52 S.)
- Einweihungen für Anfänger (60 S.)
- Drogen-Kabbala für Anfänger (216 S.)
- Zahlensymbolik für Anfänger (60 S.)
- Die Sprache des Mondes – für Anfänger (116 S.)
- Zaubergesänge für Anfänger (100 S.)
- Zukunftschau für Anfänger (60 S.)
- Schamanismus für Anfänger (52 S.)
- Schwitzhütten für Anfänger (52 S.)
- Magische Gegenstände für Anfänger (68 S.)
- Übertragungen für Anfänger (68 S.)
- Zaubertränke für Anfänger (64 S.)
- Magie-Gesten für Anfänger (252 S.)
- Da'ath-Magie für Anfänger (64 S.)
- Magie-Heilungen für Anfänger (68 S.)
- Kornkreise für Anfänger (348 S.)
- Feng Shui für Anfänger (96 S.)
- Tao für Anfänger (112 S.)
- Magie für Anfänger – Sammelband   I (696 S.)
- Magie für Anfänger – Sammelband II (664 S.)
- Magie für Anfänger – Sammelband III (580 S.)
- Magie für Anfänger – Sammelband IV (700 S.)
- Magie für Anfänger – Sammelband   V (676 S.)
- Magie für Anfänger – Sammelband VI (640 S.)

„Traumreisen"

- Traumreisen zu Heilpflanzen (700 S.)
- Traumreisen zum kabbalistischen Lebensbaum (132 S.)

Magie

- Handbuch für Zauberlehrlinge (408 S.)
- Wie man das Pentagramm-Ritual zum Leben erweckt (308 S.)
- Tarot (104 S.)
- Physik und Magie (184 S.)
- Die Synthese von Physik und Magie (200S.)
- Die Magie-Formel (156 S.)
- Schwarze Löcher in der Magie (56 S.)
- Krafttiere – Tiergöttinnen – Tiertänze (112 S.)
- Schwitzhütten (524 S.)
- Mythen und Magie der Harfe (116 S.)
- Drei Adeptus Major Rituale (192 S.)
- Drei Adeptus Exemptus Rituale (120 S.)
- Zwei Infans Abyssi Rituale (128 S.)
- Die Magie der Propheten Elias und Elisa (96 S.)

Meditation

- Der Lebenskraftkörper (230 S.)
- Die Chakren (100 S.)
- Das Chakren-System mit den Nebenchakren (296 S.)
- Organe und Chakren (64 S.)
- Die platonischen Körper in den Chakren (156 S.)
- Meditation (140 S.)
- Drachenfeuer (124 S.)
- Kundalini I (676 S.)
- Kundalini II (672 S.)
- Reinkarnation (156 S.)
- einsgerichtet (140 S.)

Astrologie

- Astrologie (496 S.)
- Photo-Astrologie (428 S.)
- Die astrologischen Aspekte (88 S.)
- Horoskop und Seele (120 S.)

Kabbala

- Kursus der praktischen Kabbala (150 S.)
- Eltern der Erde (450 S.)
- Blüten des Lebensbaumes:
    - Die Struktur des kabbalistischen Lebensbaumes (370 S.)
    - Der kabbalistische Lebensbaum als Forschungshilfsmittel (580 S.)
    - Der kabbalistische Lebensbaum als spirituelle Landkarte (520 S.)
- Logik und Wirkung der Analogie (700 S.)

Eilenstein, Frater V.D., Knecht, Büdenbender

- Magie heute – Berichte aus der Praxis (288 S.)
- Living Magic (261 p.)

Büdenbender, Eilenstein

- Chaos, Alk und Magic (436 S.)

Die Themen der 87 Bände der Reihe „Die Götter der Germanen"

1. Die Entwicklung der germanischen Religion
2. Lexikon der germanischen Religion
3. Der ursprüngliche Göttervater Tyr
4. Tyr in der Unterwelt: der Schmied Wieland
5. Tyr in der Unterwelt: der Riesenkönig   Teil 1
6. Tyr in der Unterwelt: der Riesenkönig   Teil 2
7. Tyr in der Unterwelt: der Zwergenkönig
8. Der Himmelswächter Heimdall
9. Der Sommergott Baldur
10. Der Meeresgott: Ägir, Hler und Njörd
11. Der Eibengott Ullr
12. Die Zwillingsgötter Alcis
13. Der neue Göttervater Odin   Teil 1
14. Der neue Göttervater Odin   Teil 2
15. Der Fruchtbarkeitsgott Freyr
16. Der Chaos-Gott Loki
17. Der Donnergott Thor
18. Der Priestergott Hönir
19. Die Göttersöhne
20. Die unbekannteren Götter
21. Die Göttermutter Frigg
22. Die Liebesgöttin: Freya und Menglöd
23. Die Erdgöttinnen
24. Die Korngöttin Sif
25. Die Apfel-Göttin Idun
26. Die Hügelgrab-Jenseitsgöttin Hel
27. Die Meeres-Jenseitsgöttin Ran
28. Die unbekannteren Jenseitsgöttinnen
29. Die unbekannteren Göttinnen
30. Die Nornen
31. Die Walküren
32. Die Zwerge
33. Der Urriese Ymir
34. Die Riesen
35. Die Riesinnen
36. Mythologische Wesen
37. Mythologische Priester und Priesterinnen
38. Sigurd/Siegfried
39. Helden und Göttersöhne
40. Die Symbolik der Vögel und Insekten
41. Die Symbolik der Schlangen, Drachen und Ungeheuer
42.a Die Symbolik der Herdentiere I
42.b Die Symbolik der Herdentiere II
43. Die Symbolik der Raubtiere
44. Die Symbolik der Wassertiere und sonstigen Tiere
45. Die Symbolik der Pflanzen
46. Die Symbolik der Farben
47. Die Symbolik der Zahlen
48. Die Symbolik von Sonne, Mond und Sternen
49.a Das Jenseits I – Das Hügelgrab
49.b Das Jenseits II – Der Jenseitsweg
50. Seelenvogel, Utiseta und Einweihung
51. Wiederzeugung und Wiedergeburt
52. Elemente der Kosmologie
53. Der Weltenbaum
54. Die Symbolik der Himmelsrichtungen und der Jahreszeiten
55.a Mythologische Motive I
55.b Mythologische Motive II
56. Der Tempel
57. Die Einrichtung des Tempels
58. Priesterin – Seherin – Zauberin – Hexe
59. Priester – Seher – Zauberer
60. Rituelle Kleidung und Schmuck
61. Skalden und Skaldinnen
62 Kriegerinnen und Ekstase-Krieger
63. Die Symbolik der Körperteile
64.a Magie und Ritual I
64.b Magie und Ritual II
64.c Magie und Ritual III
65. Gestaltwandlungen
66.a Magische Angriffs-Waffen
66.b Magische Verteidigungs-Waffen
67. Magische Werkzeuge und Gegenstände
68. Zaubersprüche
69. Göttermet
70. Zaubertränke
71. Träume, Omen und Orakel
72. Runen
73. Sozial-religiöse Rituale
74. Weisheiten und Sprichworte
75. Kenningar
76. Rätsel
77. Die vollständige Edda des Snorri Sturluson
78. Frühe Skaldenlieder
79.a Mythologische Sagas I
79.b Mythologische Sagas II
80. Hymnen an die germanischen Götter